Gegen die Aufhebung

der

Zinswuchergesetze.

Von

Peter Fr. Reichensperger,
Königl. Obertribunalsrath, Mitglied des Hauses der Abgeordneten.

Berlin.
Verlag von J. Guttentag.
1860.

Vorwort.

Durch den am 16. laufenden Monats im Hause der Abgeordneten vorgelegten Gesetzentwurf, betreffend die Aufhebung der Beschränkungen des vertragsmäßigen Zinssatzes ist eine Frage, welche die belangreichsten Interessen unmittelbar berührt, bei dem entscheidenden Wendepunkte angelangt. Der Verfasser glaubt seine Bedenken gegen die beantragte Maaßregel in einer besondern Druckschrift darlegen und nicht bis zur Verhandlung im Schooße der Landesvertretung vorbehalten zu sollen, da die Natur jener Verhandlungen eine umfassende, ins Einzelne eingehende Erörterung nicht gestattet.

Die Eile, welche hiernach durch die Umstände geboten

war, möge als Entschuldigung gelten, wenn die Schrift nach Form und Inhalt Manches zu wünschen übrig läßt. Hoffentlich wird derselben das Wort zu Gute kommen:

bis dat, qui cito dat!

Berlin, den 31. Januar 1860.

Der Darlehnsvertrag hat zu allen Zeiten eine hervorragende Stellung im Rechts- und Wirthschaftsleben der Kulturvölker eingenommen. Seine Bedeutung in ökonomischer, sozialer und politischer Hinsicht ist in demselben Verhältniß gestiegen, in welchem kraft der absoluten und relativen Bedürfnißzunahme der im Wachsthum begriffenen Bevölkerungen die Produktion selber gesteigert und zu diesem Ende mittelst des Darlehns das Kapital in die Kreise der produktiven Thätigkeit hereingezogen werden mußte. Das aus jenem Rechtsverhältniß allmählich hervorgegangene und mit demselben in steter Wechselwirkung stehende Kreditsystem der Gegenwart ist so allmählich kraft organischer Entwicklung einer der Grundpfeiler geworden, auf welchen der gesellschaftliche Bau der Neuzeit beruht.

Der Darlehnsvertrag berührt in der That unmittelbar alle materiellen Interessen der Gegenwart, — er ist berufen, durch Heranziehung des Kapitals sowohl das Grundeigenthum von alten, die Produktionskraft hemmenden Lasten zu befreien und durch Meliorationen aller Art zu befruchten, als auch durch Vereinigung des Kapitals mit dem Unternehmungsgeiste das Gedeihen des Gewerbewesens in Handel und Industrie zu fördern und jeder Arbeitskraft möglichst lohnenden Verdienst zu sichern. Die wirthschaftliche Natur des Darlehnsvertrages und die mit demselben in untrennbarem Zusammenhange stehende Frage der Zinsbeschränkungs-Gesetze, welche bereits im hohen Alterthume die Philosophen, Staatsmänner und Gesetzgeber beschäftigt hatte, trat darum seit dem kräftigeren Aufschwunge der industriellen Thätigkeit in jüngerer Zeit mit Nothwendigkeit mehr als je in den Vordergrund der öffentlichen Angelegenheiten und wurde namentlich Seitens der Oekonomisten mit vermehrtem Eifer in den Kreis der durch sie angebahnten neuen Doktrin der Volkswirthschaftslehre hineingezogen. Neben der immer bestimmter sich bahnbrechenden Erkenntniß der durch Vereinigung des Kapitals und der Arbeit möglicherweise zu erzielenden ökonomischen Vortheile traten die im Bewußtsein der Vergangenheit überwiegend beachteten Schattenseiten einer unbeschränkten Freiheit immer mehr zurück und wurden so viel als thunlich der Vergessenheit überantwortet. Mochte auch die Vergangenheit mit Flammenschrift die warnende Lehre in die Geschichte eingetragen haben, daß die unbeschränkte Freiheit der Zinsstipulation mehr als einmal, ja durchweg im großartigsten Maaßstabe zur Ausbeutung des Schuldners durch Wucherzins, zur Zerrüttung des privaten und des öffentlichen Wohls durch Entfesselung aller in der Habsucht, Genußsucht und Herrschsucht wurzelnden schlechten Leidenschaften geführt habe, — man beruhigte sich leicht mit der angeblichen Unvermeidlichkeit von Uebelständen im Einzelnen und der Hoffnung, daß sie im großen Ganzen mittelst der durch freie Konkurrenz herbeigeführten Ausgleichung der entgegenstehenden Interessen der Geldsucher und Darleiher wirksam verhütet werden würden.

In dieser Weise mußten die Resultate der zunächst vom wirthschaftlichen Gesichtspunkt ausgegangenen Untersuchungen in scharfen Gegensatz zu demjenigen treten, was eine vieltausendjährige Vergangenheit überliefert und in den Religionssatzungen, in der Gesetzgebung, in der Philosophie der maaßgebenden Kulturvölker unter vollster Zustimmung der Letztern Geltung erhalten hatte. Im weitern Fortschreiten dieser, mit dem reformatorischen Gesammtbestreben des vorigen Jahrhunderts in wesentlichem Zusammenhang stehenden Bewegung sind demnächst auch vom allgemeinern Standpunkte der Politik und der Rechtswissenschaft Zweifel gegen die Rechtmäßigkeit und die Nützlichkeit jeder gesetzlichen Fixirung eines Zinsmaximums und der Zinswucherstrafen überhaupt laut geworden. In großen und einflußreichen Kreisen verbreitete sich immer mehr die Lehre von der prinzipiellen Verwerflichkeit der Wuchergesetze, und diese Anschauungen haben dermalen vermittelst der Tagespresse und der Broschüren-Literatur eine Verbreitung gefunden, welche bis in die Regionen der Staatsregierungen und der gesetzgebenden Versammlungen hineinreicht und keine Hoffnung des Erfolges als zu kühn erscheinen läßt, wenngleich noch im Jahre 1858 die beiden Häuser der preußischen Landesvertretung nach mehrtägiger eingehender Debatte sich mit großer Mehrheit gegen jede eventuelle Aufhebung der Wuchergesetze ausgesprochen haben. Die Bewegungspartei, diesmal Hand in Hand gehend mit den Vertretern des großen Handelsinteresses, fordert immer dringender unbeschränkte Freiheit des Verkehrs, wie innerhalb des Handels- und Gewerbewesens überhaupt, so namentlich auch auf dem Gesammtgebiete des Darlehnsvertrages und erwartet von dieser Freiheit nicht blos die unbegrenzte Entwickelung aller produktiven Kräfte, sondern auch die einzig wirksame Hebung derjenigen sozialen Schäden, welche, wie man behauptet, durch die Wuchergesetze nicht nur vergeblich bekämpft, sondern sogar hervorgerufen und gesteigert worden seien.

Für Preußen ist in diesem Augenblicke die Frage der Zinswuchergesetze in ein entscheidendes Stadium getreten, indem die Staatsregierung selbst sich für die Abschaffung derselben entschieden und einen darauf gerichteten Gesetzentwurf der Landesvertretung vorgelegt hat. Nach der ungetheilten Ueberzeugung aller Sachkundigen, sowohl der Gegner als der Vertheidiger der in Rede stehenden Gesetze, handelt es sich also gewissermaßen um eine Fundamental-Institution des Landes, um Beibehaltung oder Zerstörung einer der Grundlagen der ökonomischen, sozialen und rechtlichen Zustände desselben. Daß dem wirklich so sei, ergibt sich aus der Einen Erwägung, daß nach dem unbestrittenen, im Laufe der Untersuchung sich näher rechtfertigenden Ausspruche eines der bedeutendsten Gegner der Zinswuchergesetze, John Stuart Mill's (Grundsätze der polit. Oekonomie. Buch III. Kap. 23 §. 5.) der Zinsfuß nicht blos im umgekehrten Verhältnisse zum Preise der Staatspapiere, Aktien und Effekten aller Art steht, sondern auch den Preis der Ländereien, Bergwerke und aller sonstigen Einnahmequellen schlechthin bedingt. Mit andern Worten, wenn der Zinsfuß von 4 auf 5 pCt. steigt, so werden Staatspapiere, Aktien und Effekten, sowie jede Art des Grundeigenthums, welche dermalen einen Werth von 100,000 Thlrn. bilden, nur noch einen Preis von 80,000 Thlrn. haben. Mag daher die beabsichtigte Aufhebung der Zinsbeschränkungsgesetze einen Einfluß auf die Höhe des Zinsfußes üben, welchen man immer will, — mag sie eine Erhöhung desselben herbeiführen, wie dies wohl als unzweifelhaft vorherzusehen ist, oder mag sogar die Erwartung der Wenigen in Erfüllung gehen, welche auf dessen Ermäßigung zu rechnen versichern, so viel ist unleugbar und gewiß, daß eine jede Veränderung des landesüblichen Zinssatzes schlechthin den tiefgreifendsten Einfluß auf alle Vermögens- und Produktions-Verhältnisse des Landes üben und namentlich zahlreiche Kündigungen und Deplacirungen des Kapitals nebst allen damit verbundenen Kosten, Nachtheilen und Störungen aller Art herbeiführen muß.

In Anerkennung der eminenten Wichtigkeit und Gefährlichkeit der in Rede stehenden Maaßregel, hatten bisheran die entschiedensten Gegner der Zinsbeschränkungsgesetze sowohl in der Literatur, als innerhalb der preußischen Landesvertretung selbst fast ausnahmslos die Nothwendigkeit anerkannt, nach dem Beispiele Großbritanniens nur allmählich und schrittweise voranzugehen, jedenfalls dem Real- und dem Personalkredite vor Allem erst eine breitere Basis zu geben, bevor man den letzten, entscheidenden Schritt wagen dürfe. Die königliche Staatsregierung hat indessen auch diesen Weg nicht eingeschlagen, sondern beantragt in dem vorgelegten Gesetzentwurfe die unmittelbare und sofortige Aufhebung aller Beschränkungen des vertragsmäßigen Zinssatzes. Der Gesetzentwurf besteht aus 3 Paragraphen und lautet wie folgt:

§. 1. Die bestehenden Beschränkungen des vertragsmäßigen Zinssatzes und der Höhe der Konventionalstrafen, welche statt der Zinsen für den Fall der zur bestimmten Zeit nicht erfolgenden Rückzahlung eines Darlehns bedungen werden, sind aufgehoben.

§. 2. Wird die Zahlung eines Kapitals verzögert, so bleibt, wenn ein höherer als der für Zögerungszinsen bestehende Zinsfuß bedungen war, dieser höhere Zinsfuß auch für die Zögerungszinsen maßgebend.

§. 3. Die privatrechtlichen Bestimmungen in Ansehung der Zinsen von Zinsen und die für die gewerblichen Pfandleih-Anstalten gegebenen Vorschriften werden durch dieses Gesetz nicht geändert.

In den dem Gesetzentwurf beigefügten Motiven wird zur Rechtfertigung desselben im Wesentlichen angeführt:

„Bei dem gegenwärtigen Stande volkswirthschaftlicher Erkenntniß ließen sich die, durch die sogenannten Wuchergesetze festgestellten Zinsbeschränkungen nicht mehr dadurch rechtfertigen, daß der Gesetzgeber berufen oder im Stande sei, den Preis für die Benutzung des Kapitals überhaupt in der ihm geeignet scheinenden Weise zu begrenzen, sondern nur dadurch, daß bedrängte Darlehnssucher gegen die Ausbeutung ihrer Noth oder ihrer Unerfahrenheit durch übermäßige Zinsforderungen der Darlehnsgeber geschützt werden sollen.

Diese Absicht werde aber „erfahrungsmäßig nur annähernd wirklich erreicht“; die Kapitalisten sähen sich entweder zur Anlegung ihrer Kapitalien in Unternehmungen oder Kreditgeschäften, welche eine höhere Kapitalsnutzung gewähren, oder zur Stipulirung höherer Vergütung in einer vom Verbotsgesetz nicht erreichbaren Form veranlaßt, z. B. durch Cession von Forderungen gegen geringere Valuta, durch Lieferungsverträge zu niedrigen Preisen, durch billige Waarenverkäufe oder durch Wechselkauf gegen hohes Diskonto. Hierdurch seien denn auch die Wucherstrafgesetze „bereits fast vollständig gelähmt“ worden; in der Regel verfielen nicht die gewerbsmäßigen Wucherer, sondern nur diejenigen, welche aus Gesetzesunkunde das verbotene Geschäft in die erlaubten Formen zu kleiden verabsäumt, bisweilen der gesetzlichen Strafe. Wenn hiernach die Wuchergesetze ihren Zweck im Wesentlichen verfehlten, so seien dieselben auch insofern schädlich, als sie dem Darlehnssucher verbieten, den Mangel genügender Sicherstellung des Kapitals durch Zahlung eines höhern Zinssatzes auszugleichen, mithin den Personalkredit schwächten. Dem Darleiher werde also die mit Recht von ihm beanspruchte Versicherungsprämie vom Gesetze versagt und derjenige Kapitalsucher, der nur seinen Personalkredit in die Wagschale werfe, könne das ihm nöthige Kapital von ehrenhaften Darleihern nicht erhalten und werde den wirklichen Wucherern in die Hände geführt. — In Zeiten der Handelskrisen träten jene schädlichen Wirkungen noch schärfer hervor, weil mit der Nachfrage nach Kapitalien auch deren Preis außergewöhnlich steige. Wenn Manche aus der Aufhebung der Zinsbeschränkungsgesetze eine Erschütterung des Rechtsbewußtseins im Volke besorgten, so lasse sich hiergegen zunächst geltend machen, daß eine Aenderung der von der Strafgesetzgebung seither befolgten Prinzipien, wenn sie zugleich eine Berichtigung der letztern enthalte, das öffentliche Rechtsbewußtsein schwerlich verletzen könne. Der eigentliche Wucherer, d. h. derjenige, welcher beim Geldausleihen die Noth Anderer durch Abpressen übermäßiger Zinsvergütung zu seinem Vortheil ausbeute, werde stets gleich verächtlich bleiben. Allein nicht jede Ueberschreitung des jetzigen gesetzlichen Zinsfußes sei eine Ausbeutung fremder Noth, vielmehr komme Alles auf die konkreten Umstände des einzelnen Falles an. Ein Gläubiger, der sich 10 pCt. Zinsen bedungen, könne ehrenhaft, ein Anderer, der noch so niedrige Zinsen nimmt, verächtlich gehandelt haben. Wenn man außerdem in Betracht ziehe, daß jeder

Banquier sich außer dem höchsten gesetzlichen Zinsfuß unter der Bezeichnung Provision, Courtage ꝛc. beliebige Prozente berechne, — daß die öffentlichen Geldinstitute in kritischen Zeiten ihren Diskontosatz weit über das Maaß der gesetzlichen Zinsen erhöhen und daß der Staat selbst bei Contrahirung seiner Anleihen sich eine Kapitalverkürzung gefallen lasse, so sei nicht zu verkennen, daß das öffentliche Rechtsbewußtsein mit der geltenden Strafgesetzgebung bereits nicht mehr im Einklange stehe. Es werde zwar auch noch das Bedenken erhoben, daß nach Fortfall der gesetzlichen Zinsbeschränkungen jedem noch so verwerflichen, den Schuldner ruinirenden Wuchergeschäfte die Rechtshülfe der Gerichte zu Theil werden müsse, allein abgesehen davon, daß auch der dermals gewährte Schutz unwirksam sei, „habe überhaupt jeder großjährige dispositionsfähige Mensch den Schutz gegen Abschluß nachtheiliger Geschäfte — statt ihn vom Staate zu verlangen — durch eigene Vorsicht sich selbst zu gewähren", wie dies bei allen andern Verträgen, mit alleiniger Ausnahme des Kaufvertrags, welcher bei Verletzung über die Hälfte allerdings vernichtet werden könne, der Fall sei. Die Erfahrungen anderer Staaten, welche — wie England, Sardinien, die Niederlande, Oldenburg, Bremen, — die gesetzlichen Zinsbeschränkungen aufgehoben haben, rechtfertigten endlich auch die Besorgniß nicht, daß dadurch eine für den Grundbesitzer unerschwingliche Erhöhung des Zinsfußes, ein Sinken der Pfandbriefe, die Kündigung vieler Hypotheken und eine dauernde Schwächung des ländlichen Realkredits hervorgerufen werde; vielmehr sei in Sardinien das Kapital den Grundbesitzern gegen günstigere Bedingungen zugänglich geworden und in den Niederlanden sei der Zinssatz für hypothekarische Darlehen nach wie vor 4½ pCt. Nur wenn der Gutsbesitzer keine ausreichende Realsicherheit biete, genüge der bisherige Zinssatz nicht, um Kapital zu erlangen, allein seine Lage würde dennoch künftig vortheilhafter werden, weil er nur einen höhern Zinssatz, aber keinen Abzug am Kapital sich gefallen zu lassen habe. Hiernach müsse es als gerechtfertigt erachtet werden, die Zinsbeschränkungen, welche die freie Bewegung des Kapitals und die volle Nutzbarmachung des Kredits hemmten, aufzuheben. Endlich empfehle es sich auch, die Freigebung des vertragsmäßigen Zinssatzes nicht auf einzelne Berufsklassen, etwa den Handelsstand und die Grundbesitzer, zu beschränken, weil hierdurch wiederum die Umgehung des Gesetzes vorbereitet werde, und weil eine feste Begrenzung der Berufsklassen mit Uebelständen verbunden sei; endlich sei die Ausschließung der nichthandeltreibenden oder gutsbesitzenden Volksklassen eine ungerechtfertigte Bevormundung."

Dies sind im Wesentlichen die Motive, welche die Regierungs-Denkschrift zur Rechtfertigung des Gesetzentwurfes beibringt. Sie sind nach unserm Dafürhalten nicht zutreffend, jedenfalls nicht ausreichend, ganz besonders darum nicht, weil sie sich nicht einmal die Frage stellen, geschweige denn in befriedigender Weise beantworten, ob und aus welchen Gründen grade jetzt und in Preußen die totale Aufhebung einer Institution gerechtfertigt sei, welche nicht etwa aus grauer Vorzeit als ein lang empfundener Mißbrauch stillschweigend auf uns überkommen, sondern erst in neuester Zeit nach dreißigjähriger Vorberathung des besten Gesetzes, welches unsere Zeit zu Stande gebracht, nemlich des Strafgesetzbuchs, wiederholt und so zu sagen ohne Widerspruch sanktionirt worden ist. Diese Thatsache muß um so schwerer in's Gewicht fallen, da die vorstehenden nationalökonomischen Gründe dem Strafgesetzgeber vollkommen bekannt waren und ein neues Moment seitdem nirgends hervorgetreten ist. Nur die oben bezeichnete Frage allein kann daher auch heute mit Erfolg einer preußischen Landesvertretung gestellt werden, da schon im Allgemeinen, ganz besonders aber bei einer Angelegenheit von dem Umfang und der Bedeutung der gegenwärtigen, nicht eine apriorische Deduktion, sondern nur die positive Erkenntniß eines konkreten preußischen Bedürfnisses die Thätigkeit des preußischen Gesetzgebers aufrufen kann. Die Regierungs-Motive gewähren aber nach dieser Seite hin nicht den mindesten Anhaltspunkt, sind vielmehr überall so allgemein gehalten, daß sie ebensowohl einem französischen oder österreichischen Gesetzentwurfe beigegeben werden könnten. Sie bewegen sich namentlich in Betreff der praktischen Wirkungen der Zinsbeschränkungsgesetze durchweg nur auf dem Boden der allgemeinen Betrachtungen und Vermuthungen, geben aber keine dieselben direkt rechtfertigenden bestimmten Thatsachen aus dem Gebiete der Rechtspflege und der Statistik an die Hand. Die folgenreichen Erfahrungen, welche im vorigen und gegenwärtigen Jahrhunderte Oesterreich, Frankreich und Norwegen im großartigsten Maaßstabe gemacht und welche jene Staaten nach furchtbaren Leiden schließlich zur Wiederherstellung der Zinsbeschränkungsgesetze bestimmt haben, finden in der Regierungsdenkschrift gar keine Erwähnung; dieselbe beschränkt sich in dieser

Beziehung vielmehr auf die Erklärung, daß die für den ländlichen Realkredit vielfach gehegten Besorgnisse durch die Erfahrungen derjenigen Staaten, welche, wie England (1854), Sardinien (1857), die Niederlande (?), Oldenburg und Bremen, in neuerer (d. h. richtiger in allerneuester) Zeit die Zinsbeschränkungsgesetze ebenfalls aufgehoben haben, nicht gerechtfertigt würden. Es wird zwar in der Denkschrift noch die Thatsache konstatirt, daß die Handelskammern und die Vorstände der kaufmännischen Korporationen, die Provinzialverwaltungs- und Justiz-Behörden, so wie endlich das Landes-Oekonomie-Collegium und die Vorstände der landschaftlichen Kreditverbände mit ihren Gutachten gehört worden sind, allein der für die Beurtheilung der hochwichtigen Angelegenheit allein maaßgebende Inhalt jener Gutachten wird nicht einmal angedeutet. Es ist aber dieser Mangel um so fühlbarer und bemerkenswerther, als es aus anderweiten Mittheilungen zur öffentlichen Kunde gelangt ist, daß gerade das Landes-Oekonomie-Collegium sich gegen die beabsichtigte Aufhebung der Zinsbeschränkungsgesetze und nur für eine Erweiterung der gesetzlichen Grenze des Zinsfußes auf 6 pCt. ausgesprochen hat. Grade bei einer Angelegenheit, wie die gegenwärtige, deren Beurtheilung so unmittelbar von allen obwaltenden thatsächlichen Verhältnissen bedingt wird, scheint es dringend geboten zu sein, das gesammte Material zur Kenntniß des Landes und der Landesvertretung zu bringen, wie dies in England jederzeit geschieht. Das gegenwärtige Ministerium selber hat noch im Jahre 1858 bei Berathung der Suspensions-Verordnung vom 27. November 1857 in der Landesvertretung erklärt, daß durch jenes Provisorium nicht beabsichtigt werde, die definitive Aufhebung der Wuchergesetze vorzubereiten; die Regierung sei vielmehr noch mit Sammlung umfassender Materialien beschäftigt, um danach erst ihre eigene Entschließung treffen zu können. Es ergibt sich hieraus, daß damals die oben mitgetheilten allgemeinen Betrachtungen und Gesichtspunkte Seitens der Regierung nicht als zureichend erachtet worden sind, um darauf eine Entschließung bauen zu können; — das Land und die Landesvertretung befinden sich aber auch jetzt noch in derselben Lage, in welcher sich die Regierung im Jahre 1858 befunden hat.

Wenn hiernach die Regierungsdenkschrift unseres Erachtens alle wesentlichen und entscheidenden Beweismomente zur Rechtfertigung des Gesetzentwurfes vermissen läßt, so muß dagegen anerkannt werden, daß dieselbe gleichwohl eine Reihe nicht unwichtiger Gesichtspunkte hervorhebt, indem sie die in einem Theile der volkswirthschaftlichen Literatur und der Tagespresse oft wiederholten theoretischen Gründe reproduzirt. Diese Gründe haben auf den ersten Blick etwas Bestechendes und sind kraft ihrer auf der Oberfläche der Erscheinungen sich bewegenden Einfachheit und Natürlichkeit wohl geeignet, die Tagesmeinung mit sich fortzureißen und das Urtheil über den geschichtlich überkommenen Rechtszustand zu verwirren. Die Falschheit der Argumentation liegt auch, abgesehen von der mitunterlaufenden, wesentlich unrichtigen Würdigung der Natur des Geldes, weniger in der Beweisformel selber, als vielmehr grade darin, daß sie eben nur eine logische Formel ist und die durchgreifende Thatsache übersieht, daß die handelnden Faktoren Menschen sind, deren Leidenschaften, Schwächen und Nothstände sich auf der hier abgesteckten Arena des Geldverkehrs feindlich begegnen.

Man übersieht namentlich, daß auf der einen Seite nicht blos der berechtigte Geist des Erwerbs, sondern auch der rechtswidrige Geist der Habsucht, der Härte, der Unterdrückung steht, und daß dem Kapitalbesitzer gegenüber nicht blos der ausgebildete, kalt berechnende Spekulant seine Stellung nimmt, der die von ihm beabsichtigte Unternehmung und Kapitalanlage unterläßt, falls deren Ertrag sich nicht im Verhältniß mit dem zu zahlenden Kapitalzinse befindet, sondern daß auch der gar nicht rechengeübte kleine Grundbesitzer und Gewerbsmann neben der großen Mehrheit der zu unaufschiebbarer Darlehnsaufnahme gedrängten Anlehnsuchenden auf dem Geldmarkte erscheint, und daß auf diesem letztern in keiner Weise dasselbe Gleichgewicht der Machtstellung und Konkurrenz der Anbietenden und Nachfragenden, ja nicht einmal des Angebots und der Nachfrage selber besteht, welches im übrigen der Wirthschaftsverkehr der Gesellschaft in billigem Gleichmaaße regelt. Alle hieraus erwachsenden psychologischen Momente, welche einen so mächtigen und drückenden Einfluß üben, werden von den Gegnern schlechthin ignorirt, und erscheint es daher um so weniger verwunderlich, wenn ihre Beweisführung, wie wir alsbald sehen werden, mit den Thatsachen selber im schärfsten Widerspruche steht. Bevor wir indessen auf jene Nachweisung näher eingehen, möge zur Beruhigung derjenigen, die da meinen, die ganze Schule der Oekonomisten theile den vorbezeichneten Standpunkt und stimme in der Verurtheilung aller Zinsbeschränkungsgesetze überein, hier vor Allem gleich das Urtheil desjenigen Mannes seine Stelle finden, welcher der eigentliche Schöpfer und Gründer der Wissenschaft der Nationalökonomie ist, — der mit überwiegendem Scharfsinn die Fundamente derselben vorgezeichnet, ihre Elemente entwickelt, ihre Begriffe festgestellt, zugleich aber auch Herz und Auge für die wirkliche Welt der Erscheinungen sich offen zu halten verstanden hat.

Adam Smith giebt in seinem unsterblichen Werke (Untersuchungen über die Natur und die Ursachen des Nationalreichthums Buch II Kapitel 4) in einfachster Weise und mit dem klar hervortretenden Bewußtsein, daß es einer eigentlichen Vertheidigung der auch damals schon in Frage gestellten Zinsbeschränkungsgesetze kaum bedürfe, die nationalökonomischen Ursachen und Wirkungen derselben an. „In Ländern, sagt er, in welchem Geldzinsen zu nehmen erlaubt ist, bestimmen die Gesetze gewöhnlich, um den Erpressungen des Wuchers vorzubeugen, den höchsten Zinsfuß, welchen man, ohne sich der Strafe auszusetzen, nehmen darf. Dieser gesetzmäßige Zinsfuß muß immer etwas über den niedrigsten Marktpreis, d. h. über den Preis gehen, der für den Gebrauch des Geldes von Leuten bezahlt wird, welche unzweifelhafte Sicherheit zu geben im Stande sind. Wäre jener gesetzmäßige Zinsfuß niedriger, als der gewöhnliche Marktpreis, so würde jene Einschränkung des Gesetzes einem völligen Verbote gleichgelten. — Wird der gesetzmäßige Zinsfuß genau nach dem niedrigsten Marktpreise bestimmt, so erhalten Diejenigen, welche nicht die vollkommenste Sicherheit zu verschaffen wissen, kein Darlehn mehr bei rechtschaffenen Leuten, welche die Gesetze ihres Landes in Ehren halten. Sie sind genöthigt, ihre Zuflucht zu den Wucherern zu nehmen. Wo, wie in England (damals!) Geld der Regierung zu 3 pCt., und Privatleuten mit guter Sicherheit zu 4 und 4½ pCt. geliehen wird, ist der gesetzmäßige Zinsfuß auf 5 pCt. vielleicht so angemessen, als irgend einer;" — „Wenn die Gesetze ihn auf 8 oder 10 pCt. gesetzt hätten, so würde der größte Theil des zum Ausleihen bestimmten Geldes an Verschwender und Projektenmacher ausgeliehen werden, die allein jene hohen Zinsen würden geben wollen. Vorsichtige Leute, die für den Gebrauch des Geldes nicht mehr geben wollen, als einen Theil von dem, was sie durch den Gebrauch desselben wahrscheinlich gewinnen können, würden es nicht wagen, sich als Mitbewerber von diesen aufzustellen. Ein großer Theil des Landeskapitals würde denjenigen Händen entzogen werden, die am wahrscheinlichsten einen für sie und das Land nützlichen Gebrauch davon machen, und würde denen zugewandt werden, die am wahrscheinlichsten es durchbringen und vernichten. Wo aber der gesetzliche Zinsfuß nur um sehr wenig höher ist, als die niedrigsten der Zinsen, die gewöhnlich gegeben werden, da erhalten beim Geldborgen die soliden und vorsichtigen Unternehmer allgemein den Vorzug vor den verwegenen und verschwenderischen. Der, welcher Geld ausleiht, erhält von dem Erstern beinahe ebensoviele Zinsen, als er von dem Letztern nehmen darf, und doch ist sein Geld in den Händen des Erstern weit sicherer, als in denen des Letztern. Ein großer Theil des Landeskapitals kommt also auf diese Weise wirklich in die Hände, von denen es am wahrscheinlichsten ist, daß sie es nützlich anwenden werden." An einer andern Stelle (ib. Buch IV Kap. 2) ergänzt A. Smith das Gewicht dieser Worte durch die wichtige, nur zu oft übersehene Wahrheit, daß „keine Anordnung den Gewerbfleiß über den Grad hinaus treiben kann, den das Kapital der Gesellschaft zu unterhalten vermag." Wenn gerade dieser Meister der Schule in der angegebenen Weise die Rechtfertigung der Wuchergesetze aufstellt, ohne nur ein leises Bedenken gegen dieselben zu erheben, so hat dies um so größere Bedeutung, weil er es eben ist, welcher die der gegnerischen Beweisführung zu Grunde liegenden Fundamentalsätze der Nationalökonomie zur doktrinellen Formulirung und zur Geltung gebracht hat. Grade ihm verdankt die Wissenschaft die volle Erkenntniß, daß die wichtigsten Mittel, welche die produktive Wirkung der Arbeit verstärken, die zweckmäßige Vertheilung der Beschäftigung und der Gebrauch des Kapitales sind, — daß im Allgemeinen die freie Konkurrenz die angemessensten Preise der Dinge herstellt, die Ausgleichung des Bedürfnisses mit den Vorräthen bewirkt, und überhaupt die Betriebsamkeit besser befördert, als es durch viele Einmischung der Regierung geschehen könnte, und daß diese daher in der Regel nur negativ auf die wirthschaftlichen Angelegenheiten des Volkes einwirken, d. h. nur die Hindernisse zu entfernen suchen soll, die der Entwickelung des Gewerbefleißes im Wege stehen.

Nach dem Urtheile von Ad. Smith stehen also diese von ihm selbst eruirten nationalökonomischen Grundsätze in keiner Weise mit den Zinsbeschränkungsgesetzen im Widerspruche; jene allgemeinen Grundsätze werden vielmehr nach seinem Urtheile durch die dem

Kapitalverkehr eigenthümlichen Beziehungen wesentlich modifizirt. Dies ist es eben auch, was die Hand der Geschichte und der Gesetzgebungen der maaßgebenden Kulturvölker alle Jahrhunderte hindurch bis in unsere Gegenwart hinein in der großartigsten und eindringlichsten Weise praktisch festgestellt hat, — eine Thatsache, deren Gewicht Seitens der Gegner der Zinsbeschränkungsgesetze durch eine nackte logische Formel sicherlich nicht aufgehoben werden kann. Man glaubt eben mit Unrecht durch aprioristische Spekulationen nicht blos spekulative, sondern auch praktische Wahrheiten finden zu können, unbelehrt durch die Erscheinung, daß alle andern konkreten Wissenschaften, — die Physik, Chemie, Medizin, — erst von dem Augenblicke an gesicherte Fortschritte aufzuweisen haben, wo sie sich der sorglichsten Prüfung aller einschlägigen subjektiven und objektiven Thatsachen zugewendet. Wenn irgendwo, so ist es gerade auf dem Gebiete der Staatswissenschaften wahr, daß nur diejenige Theorie, welche nicht aus der nackten Abstraktion, sondern aus der richtigsten und umfassendsten Erkenntniß der Thatsachen hervorgegangen, berufen ist, die Mutter einer neuen erleuchtetern Praxis zu werden. Die nackte Vernünftigkeit ist ein schlechter Rathgeber in der Politik überhaupt, welche Aristoteles mit Recht die schwerste der Künste genannt hat, — ganz besonders muß dies bei einer so jungen, nachgebornen Wissenschaft der Fall sein, als welche die Volkswirthschaftslehre heute noch zu gelten hat. Mit Recht hat einer der ausgezeichnetsten deutschen Nationalökonomen selber, Roscher, darauf hingewiesen, daß die Wissenschaft der Nationalökonomie bisheran nur erst Eine Seite ihrer Aufgabe in's Auge gefaßt hat, nämlich die materiell-ökonomische, während sie die andere, mindestens ebenso berechtigte, vielleicht entscheidende Seite, die ethisch-politische, vernachlässigt; erst wenn sie diese beiden gleichberechtigten Richtungen gleichmäßig und harmonisch durchdrungen haben wird, ist sie berufen und befähigt, ein entscheidendes Urtheil in der vorliegenden, alle Beziehungen des Wirthschaftslebens eng berührenden Frage zu fällen.

Das Material zur richtigen Würdigung der Kapitalzinsenfrage in ihrer Gesammtheit ist daher zunächst aus der Erfahrung, aus der Geschichte zu schöpfen; denn die Geschichte ist ja nicht blos die Summe des Denkens, Wollens und Handelns der Jahrhunderte, sondern auch der Inbegriff der hieraus erwachsenen Resultate; sie leuchtet darum der Menschheit durch die Jahrhunderte, während das eben erst aufflackernde

Licht der Tagesmeinung nur zu leicht ein Irrlicht ist, das in den Abgrund führt. Die Geschichte der Gesetzgebung ist aber gerade in der vorliegenden Frage um so belehrender, weil sie die praktischen Erfolge nicht blos Eines, sondern der beiderseitigen Systeme in schärfster Weise hervortreten läßt, und uns bis in die lebendige Gegenwart hinein geleitet. Ein rascher Rückblick in jene Vergangenheit ist daher zum Zwecke der Orientirung unerläßlich.

Die Mosaische Gesetzgebung gestattete das Zinsnehmen unbeschränkt gegenüber den Fremden, indem sie zugleich Sorge trug, den Verkehr mit denselben möglichst zu beschränken, verbot dasselbe dagegen ebenso unbeschränkt gegenüber den Juden. Diese Gesetzgebung war eben wesentlich darauf berechnet, die Juden nicht etwa zu einer großen und mächtigen Nation, sondern zu einem in sich abgeschlossenen brüderlichen Volke zu erziehen und es zur Erfüllung seiner hohen Mission, als Trägerin des Gottesglaubens bis zu den Tagen der Erfüllung, zu befähigen. Die Entwickelung der materiellen Interessen mußte darum in den Hintergrund gedrängt werden, wie dies auch in der Einsetzung des Jubeljahres und der dadurch erstrebten Gleichheit des Besitzthums auf's schärfste hervortritt.

Um so wichtiger für die vorliegende Frage ist dagegen die Geschichte und die Gesetzgebung des zweiten Kulturvolkes der Erde. Die Römer, gewissermaßen das auserlesene Volk des Rechtes, deren Schöpfungen auf diesem Gebiete noch heute theils als formelles Gesetz, theils als „die geschriebene Vernunft" die gesittete Welt beherrschen, hatten ursprünglich der einfach verstandesmäßigen Anschauung der heutigen Oekonomisten gehuldigt, indem sie hinsichtlich der Kapitalzins-Bestimmungen dieselbe Freiheit des Pactirens, wie bei allen sonstigen Rechtsgeschäften, statuirten. Allein als Folge dieser Freiheit ergab sich bald ein maßloser Wucher, der das Volk in Elend und Verzweiflung stürzte. Nach manchfachen vergeblichen Versuchen der Abhülfe verließ dasselbe die Stadt, zog hinaus auf den Aventinischen Berg und erzwang endlich die Institution des Tribunats und die Aufrichtung des XII Tafeln-Gesetzes, in welchem neben andern Rechtsgarantieen gegen die Bedrückungen des Patriciats auch ein Zinsmaximum fixirt und dessen Ueberschreitung mit eben derselben Strafe bedroht ward, welche gegen den Diebstahl bestand. Cato der Aeltere beurtheilte den Wucher sogar noch schärfer, als das XII Tafeln-Gesetz, und stellte ihn dem Todschlage zur Seite, weil er nicht, wie der Diebstahl, von dem

Entbehrenden an dem Reichern, sondern von denen geübt werde, die sich an den Unglücklichen noch mehr zu bereichern strebten. Allerdings führte Mißachtung jenes Gesetzes durch das Patriciat, dessen Hartherzigkeit sprüchwörtlich geworden, vorübergehend zu neuen gewaltsamen Maßregeln, bald zur gesetzlichen Kompensation aller bezahlten Zinsen mit dem Kapitale, bald zum gänzlichen Verbote der Zinsstipulation überhaupt, ja zur Ungültigerklärung aller Schuldverträge. Erst mit dem Ende der Republik trat ein fester Rechtszustand ein, und es wurde fortan am Prinzipe des gesetzlichen Zinsmaximums für das ganze römische Weltreich unverbrüchlich festgehalten. Hiermit widerlegt sich sofort die von den Gegnern der Zinsbeschränkungsgesetze aufgestellte Behauptung, daß die betreffenden Vorschriften des römischen Rechts nur durch die ganz abnormen Verhältnisse des alten übermüthigen Patriciates und des eigenthums- und erwerbslosen Plebs diktirt worden seien. Einmal hervorgerufen durch die aus der ursprünglichen Zinsfreiheit erwachsenen öffentlichen und privaten Leiden hat das Römische Recht die praktische Nothwendigkeit der Zinsbeschränkungen niemals mehr verkannt; es hat sich weder durch die vielfach hervortretende Möglichkeit ihrer Umgehung, noch auch durch den, den lebens- und geschäftserfahrenen Meistern des Rechts wohl bekannten Umstand beirren lassen, daß je nach der größern Sicherheit der Kapitalanlage eine größere oder geringere Assekuranzprämie als angemessen erachtet werden könne, in letzterer Beziehung vielmehr nur eine spezielle Ausnahme (pecunia trajectitia, foenus nauticum) statuirt.

Es tritt uns mithin in den römischen Zinsbeschränkungs-Gesetzen keineswegs eine blos transitorische oder lokale Maaßregel, sondern vielmehr der Inbegriff der rechtlichen und praktisch-politischen Ueberzeugungen einer Weltnation entgegen, deren Scharfblick auf dem Gebiete der Rechtsanschauungen noch heute maaßgebend ist. Die Wissenschaft und die Philosophie des Alterthums (Aristoteles, Cato, Cicero, Seneca, Plutarch, Livius) sanctionirten ihrerseits in vollem Maaße jene Bestimmungen des positiven Rechts, soweit sie überhaupt das Zinsennehmen billigten; das instinktive Gefühl des Volkes aber bestrafte den Wucher mit dem öffentlichen Hasse und der Verachtung.

Als das Christenthum in das römische Weltreich eintrat, konnte es nicht den Anspruch erheben, maaßgebend auf die civilrechtlichen Verhältnisse der Christengemeinde einzuwirken; allein von den Klerikern forderte es alsbald entschiedeneres Eingehen in den christlichen Spiritualismus und theilweise Verwirklichung der Idee der allgemeinen, an die Stelle der jüdischen Nationalverbrüderung tretenden christlichen Brüderlichkeit, indem es den Klerikern verbot, gegen Zins auszuleihen. Allein im Laufe der Jahrhunderte durchdrang immer mehr der Geist des Christenthums die aus dem Untergang des römischen Weltreichs neu erstandenen Völker und Staaten, welche selbst nach dem Zeugnisse Gibbon's nicht so sehr durch die Krieger und Staatsmänner, als vielmehr durch die Hand der Bischöfe gebildet waren, „wie der Bienenstock durch die Biene"; die große Völkerwanderung und der Sturz des römischen Weltreichs hatten allenthalben nur Verwüstung und Elend zurückgelassen, und es galt vor Allem, die Existenzen zu sichern, die Schwachen zu schützen; an systematische Ansammlung von Kapitalien und deren Wiederanlage zu reproduktiven Zwecken war nicht zu denken. Unter Einwirkung der Kirche wurde daher obiges Zinsverbot durch verschiedene Verordnungen, insbesondere auch durch ein Kapitulare Carls des Großen von 789 generalisirt. Man glaubte, sich der idealen Hoffnung hingeben zu dürfen, in dem eben erst sich entwickelnden Neubau staatlicher Ordnung den Egoismus des rein menschlichen Daseins durch die Fülle der christlichen Humanität zurückdämmen und vielleicht überwinden zu können. In diesem idealen Streben ist die Kirche indessen nicht so weit gegangen, wie die Gegner der Wuchergesetze es darstellen; sie hat zwar das Uebermaaß des Materialismus nach Kräften bekämpft, die Leidenschaften gezügelt, den Geist der christlichen Liebe und Barmherzigkeit überall angefacht, darum das Bedürfniß der wachsenden Generationen aber doch niemals verkannt. Sie verwirft nach der umfassenden Sach- und Rechts-Darlegung des Papstes Benedict XIV. in der Encyklika „Vix pervenit" nur denjenigen Gewinn aus einem Darlehn, der kraft der nackten Thatsache des Darlehns als solchen gezogen wird, erkennt dagegen an, daß auf Grund anderer konkurrirender Momente Zinsen füglich genommen werden dürfen. Als ein solcher Rechtstitel gilt dem kanonischen Rechte die Thatsache, daß der Verleiher durch Hingabe des Darlehns Schaden leidet oder einen Gewinn entbehrt, sowie der Verzug in Rückerstattung desselben Seitens des Schuldners und die Gefahr des Verlustes des Kapitals selber, endlich die Bestimmung des betreffenden Landesgesetzes, wie dies im Laufe dieses Jahrhunderts

2*

mehrfach anerkannt worden ist. Gegen den Rentenkauf, hinsichtlich dessen noch Luther erklärte, daß er: „wucherisch sei, und daß es ein christlich edel Werk wäre, wenn die Fürsten und Herrn zusammenthäten und ihn abschafften*)," hat das kanonische Recht sich niemals direkt ausgesprochen und die Reichspolizeiordnungen des sechszehnten Jahrhunderts haben ihn, unter Zugrundlegung eines Zinssatzes von 5 pCt. für das Ablösekapital, förmlich erlaubt. Dieser Rentenkauf unterschied sich wesentlich dadurch vom Darlehnsvertrage, daß das Kündigungsrecht nur dem Rentschuldner zustand, Letzterer mithin durch den Rentgläubiger nicht gedrückt werden konnte. Es entsprach dieses Rechtsgeschäft auch so sehr den damaligen, noch nicht auf der Geld-, sondern der Naturalwirthschaft beruhenden Volkszuständen, daß J. Moeser sogar die Behauptung wagt, obiges Zinsverbot sei überhaupt nur gegeben worden, um das so wohlthätige Renteninstitut zu befördern. Da überdies die Kirche noch mit Kraft und Erfolg dahin wirkte, öffentliche Leihanstalten mit sicherstellender Organisation in's Leben zu rufen, um den Aermeren gegen den allerdings niemals ganz unterdrückten, auch wohl niemals völlig zu unterdrückenden Wucher zu schützen, so muß es mindestens als eine nicht sehr zutreffende Ausdrucksweise bezeichnet werden, wenn die Gegner statt jeder eingehenden Darlegung des Sachverhältnisses sich nicht selten damit begnügen, ihre Leser vom „kanonischen Zinshasse" zu unterhalten. Wollte man etwa bei Beurtheilung des kirchlichen Strebens sich lediglich auf den Standpunkt des Rechtsstaates stellen und dasselbe schon darum verurtheilen, weil es eine moralische Pflicht als eine Rechts- und Zwangspflicht behandelt habe, so würde ein solcher Einwand mindestens als ein historischer Anachronismus zu bezeichen sein, indem er auf einem unzulässigen Maßstabe der Beurtheilung beruht. Zudem ist ja wohl auch die Pflege und Unterstützung der Armuth keine Rechts-, sondern nur eine Liebespflicht und konnte auch ohne Gefährdung der Gesammtinteressen bis in die neuern Zeiten als solche behandelt werden, während sie dermalen vermittelst der Gemeindebudgets als eine Zwangspflicht behandelt wird und vielleicht behandelt werden muß. Nicht unähnlich verhält es sich mit dem unentgeltlichen Volksunterrichte, ja es drängt sich dabei die Frage auf,

*) Cfr. dessen „Sermon vom Wucher" 1519 und „Traktat vom Kaufhandel und Wucher" 1524.

ob derselbe nicht das Recht auf Nahrung und Kleidung voraussetze und so zu weit bedenklichern Konsequenzen führe, als dies bei dem vorbezeichneten kirchlichen Standpunkte hinsichtlich der Zinsenfrage der Fall gewesen ist. Wie dem aber auch sein mag, — aus dem vielhundertjährigen Bestande der vorbezeichneten Institutionen darf wohl der Schluß hergeleitet werden, daß sie dem wirklichen Bedürfnisse der Völker entsprochen haben müssen, indem dieselben, wie Roscher richtig bemerkt, denn doch unmöglich Jahrhunderte lang durch: „Pfaffen, Rabulisten und Tyrannen", in eine unnatürliche Richtung hineingezwängt werden konnten. Eben so gewiß ist es, daß niemals ein christliches Volk so viel unter der Geißel des Wuchers gelitten hat, als dies beim römischen und jedem andern heidnischen Volke der Fall war. Wenn immerhin der Wucher im Stillen geübt und durch das Gesetz nicht überall erreicht ward, so war er doch jedenfalls weit davon entfernt, eine öffentliche Calamität zu sein.

Seit dem Beginne des vorigen Jahrhunderts hatten sich indessen auf allen Gebieten des öffentlichen Lebens wesentliche Veränderungen vorbereitet und die Nothwendigkeit neuer Gestaltungen angekündigt. Handel und Gewerbe erlangten eine weitgreifendere Bedeutung und es begann in den meisten europäischen Staaten, namentlich auch in Deutschland, die Geldwirthschaft allmälig an die Stelle der Naturalwirthschaft zu treten. Vermittelst der Landesgesetzgebungen wurden demgemäß die Zinsverbote großentheils durch Zinstaxen ersetzt, und deren offene oder verschleierte Ueberschreitungen als Wucher bestraft. Man stellte sich wiederum auf den Standpunkt des römischen Rechts, indem man die Höhe des gesetzlichen Zinsfußes mit Rücksicht auf den landesüblichen Zins fixirte. Sicherlich ist hierbei die schon dem alten Rom wohlbekannte, heute aber fast wie eine neueste Entdeckung scharfbetonte Ungleichheit der Kapitalsicherheit, sowie die Gefahr der Gesetzesumgehung von keinem Staatsmanne und Gesetzgeber übersehen worden, und dennoch hat keiner durch jene Erwägungen sich bestimmen lassen. Dagegen hat obige Regelung des Kapitalzinses allerdings den Forderungen derjenigen Bewegungsmänner, die sich Philosophen nannten und denen sich alsbald die Oekonomisten anschlossen, nicht entsprochen. Dieselben forderten vielmehr unbedingte Freiheit in Handel, Gewerbe und Verkehr, also auch Freiheit des Zinssatzes, indem sie im Wesentlichen die oben zusammengestellten Gründe hervorhoben. Ihre Forderungen fanden um so bereitwilligeres

Gehör an den Stufen der Throne, weil sie eine unbegrenzte Verbesserung der schwer zerrütteten Staatsfinanzen gleichzeitig in Aussicht stellten. Sie haben in mehr als einem Staate vorübergehende Geltung erhalten und die Gegenwart dürfte sich dessen aufrichtig freuen, wenn die oft in Erinnerung gebrachten, aber noch öfter vergessenen Worte des Tarentinischen Redners, die Livius uns aufbewahrt, ernste Beherzigung fänden: „Vor jeglichem Mißgriffe sicher sein zu wollen, ist zuviel verlangt und hochmüthig, da wir ja Menschen sind; aber sich öfter an demselben Steine zu stoßen, und nicht einmal dann, wenn die Thatsachen unsere Unbesonnenheit züchtigen, vorsichtig werden, das ist beinahe nicht mehr recht menschlich."

Der Kaiser Joseph II., ein Monarch von reichen Gaben des Geistes und des Herzens, aber ohne jedes Verständniß der konkreten Verhältnisse seiner Völker, war es, der im Jahre 1787 den Rathschlägen der Oekonomisten ebenso bereitwillig, wie denen aller sonstigen Neologen folgend, zuerst den Boden der Erfahrung verließ, und die bestehenden Zinsbeschränkungs- und Wuchergesetze mit derselben Unbefangenheit, wie so manche andere Fundamentalinstitution seiner Erbstaaten, abdekretirte. Allein die ihm und seinem Lande verheißenen Segnungen haben sich in keiner Weise verwirklicht; er schloß seine Laufbahn mit der schwer erkauften Erkenntniß verfehlten Strebens und der Gewißheit, trotz aller seiner philanthropischen Absichten seinen Völkern unsäglichen Schaden zugefügt zu haben. Er hinterließ ein durch Aufstand und Vermögenserschütterung zerrüttetes Reich, und die Geißel des Wuchers lastete schwer auf dem Lande. Kaum war das Patent vom 29. Januar 1787 erschienen, welches die Wuchergesetze aufhob, so traten die zerstörenden Wirkungen der neuen Freiheit hervor. Der reiche Strom wohlfeiler Kapitalien, welchen die Oekonomisten versprachen, wollte sich nirgend zeigen. „Dagegen ward, wie Rizy in seiner trefflichen Schrift („Ueber die Zinstaxen und Wuchergesetze." Wien 1859) berichtet, die Habsucht vom Kappzaume heilsamer Furcht befreit, durch die Lockungen überschwenglicher Gewinne gar bald zu Ausschreitungen hingerissen, deren Schamlosigkeit jede Vorstellung überstieg." Die öffentliche Meinung erfuhr den plötzlichsten und allgemeinsten Umschlag und schon am 20. Dezember 1788 erforderte Kaiser Joseph neue Vorschläge zur Bekämpfung dieses Uebels. Das Justizministerium erklärte zwar, daß die Wucherstrafgesetze wieder hergestellt werden müßten, allein das gestattete noch nicht der Stolz der Doktrin; der Kaiser stellte nur die Preisaufgabe: „Was ist Wucher und durch welche Mittel ist demselben ohne Strafgesetze Einhalt zu thun?“ Diese Frage ist schon an und für sich die Lösung einer in den Augen unserer Doktrinaire freilich noch immer nicht gelösten höhern Preisfrage, ob denn wirklich der Wucher nur das Produkt der Wucherstrafgesetze sei oder auch ohne dieselben bestehe. Dem kaiserlichen Reformator war freilich diese letztere Frage bereits durch die Schule einer zweijährigen furchtbaren Erfahrung ausreichend gelöst. Die Preisaufgabe selbst wurde ziemlich allgemein dahin beantwortet, daß es nur darauf ankomme, eine Vermehrung des Angebots von Kapitalien und eine Verminderung der Nachfrage nach denselben herbeizuführen, zu diesem Ende ward auch mancher gute Rath ertheilt, aber das Kapital selbst zu vermehren, das vermochten die Oekonomisten so wenig, als der Kaiser selbst. Erst als die äußerste Noth im ganzen Reiche immer unverkennbarer und bedrohlicher hervortrat, wurden im Jahre 1803 die Wuchergesetze unter der vollsten Zustimmung der Oekonomisten selber, welche sie hervorgerufen, wieder hergestellt. In der jüngsten Schrift gegen die Zinswucher-Gesetze von Braun und Wirth wird hinsichtlich dieses großen national-ökonomischen Dramas mit charakteristischer Einfachheit lediglich registrirt, daß „dieser Versuch, wie so mancher andere des seiner Zeit so weit vorausgeeilten Gesetzgebers gescheitert sei,“ — allein auffallender Weise wird es gänzlich unterlassen, hieraus wenigstens den unabweisbaren Schluß zu ziehen, daß die angebliche theoretische Richtigkeit einer Reformmaßregel denn doch in keiner Weise genügt, um deren sofortige praktische Verwirklichung zu rechtfertigen und sicherzustellen. Die gleichzeitigen Schriften von Sonnenfels und von Zeiller zeigen die ungeheure Größe des Elends, welche die Freigebung des Wuchers über das Land brachte. Nach der Darlegung des letztgenannten Schriftstellers ist insbesondere auch der von Ad. Smith vorausgesehene Erfolg, daß leichtsinnige Spekulanten und Projektenmacher durch erhöhtes Zinsgebot den reellen Borgern das Kapital zuerst vertheuern, dann entziehen, damals in Oestreich vollsten Maaßes eingetreten.

Der zweite Versuch wurde in Frankreich gemacht, indem der Konvent durch ein Gesetz vom 11. April 1793 das Geld für eine Waare erklärte und damit stillschweigend nach der Meinung jener Zeit den Zins freigab. Aber selbst die Gegner der Wuchergesetze können sich auf diesen Beschluß, als eine intellektuelle Autorität, schon darum nicht wohl berufen, weil eben derselbe Konvent es war, welcher alsbald für Lebensmittel, Kleidungsstücke, überhaupt alle Gegenstände des täglichen Bedarfs einen Maximal-Kaufpreis fixirte und bei sechsjähriger Kettenstrafe, ja bei Todesstrafe verbot, mit Geld, statt mit Assignaten zu kaufen! Obiges Gesetz wurde zwar am 6. Flor. II. wieder aufgehoben, jedoch durch Gesetz vom 5. Therm. IV. und 15. Fruct. V. die vertragsmäßige Festsetzung des Zinsfußes thatsächlich freigelassen, wenn dies auch nicht ausdrücklich durch das Gesetz selber ausgesprochen wird, wie mit Recht Troplong bemerkt. Die Folgen jener Aufhebung der Wuchergesetze waren aber nach den amtlichen Darlegungen der Regierung und der Landesvertretung in Frankreich eben so verderblich, wie in Oestreich. Im Jahre 1804, beim Abschlusse des Code Napoleon, hatte man zwar die Freigebung des Zinsfußes noch beibehalten, indem man sich der Hoffnung hingab, daß die Geißel des Wuchers nach Wiederherstellung der Ordnung und des Friedens nach Außen und Innen endlich von selber weichen werde. Allein der Zeitraum von 1804 bis 1807 genügte, um auch diese letzte Täuschung vollends zu zerstören. Ein ungemessener Wucher wüthete fort in allen Schichten der Bevölkerung, die Verarmung des Landes stieg in raschen Proportionen und im Jahre 1807 wurde endlich unter allgemeiner Zustimmung das Jakobinische Gesetz aufgehoben, indem das Zinsmaximum auf 5 pCt., beziehungsweise 6 pCt. bei kaufmännischen Schuldverhältnissen, fixirt ward. Im gesetzgebenden Körper sagte der Staatsrath Jaubert zur Rechtfertigung des Gesetzes vom 3. September 1807: „Es ist anerkannt, daß der übermäßige Zinssatz das Eigenthum in seinen Grundfesten erschüttert; daß er die Landwirthschaft untergräbt; daß er die Eigenthümer verhindert, Verbesserungen vorzunehmen und damit auch die Quellen der Industrie zerstört; daß er durch die verderbliche Leichtigkeit, sich beträchtliche Gewinne zu verschaffen, die Bürger von nützlichen und bescheidenen Gewerben abhält, und daß er endlich dahin führt, ganze Familien zu zerrütten und in Verzweiflung zu stürzen.“ Nachdem der amtliche Wortführer noch konstatirt, „daß zum großen Verderb der Sitten Haufen von Menschen, die sich früher den Arbeiten des Ackerbaues, der Künste und der verschiedenen Gewerbe gewidmet, sich mit blinder Wuth in den Abgrund der Agiotage gestürzt, — sich übertriebenen

Spekulationen hingegeben und mit Bankerotten geendigt, welche ein öffentliches Unglück geworden seien," sagt er weiter: „Es ist uns wohlbekannt, daß diese Angelegenheit große Abhandlungen veranlaßt hat. Allein die abstrakten Vernunftgründe können hier nur zur Verwirrung führen. Der Grundsatz, welcher hier Alles beherrscht, ist der der Erhaltung der bürgerlichen Ordnung. So oft ein Gegenstand eine direkte Beziehung auf die bürgerliche Gesellschaft hat, muß das Gesetz verhindern, daß dieselbe durch die Handlungen der Bürger nicht gestört werde. So haben wir schon ein großes Beispiel hinsichtlich der Eigenthumsübertragung von Grundstücken, indem die Klage auf Auflösung des Vertrages wegen übermäßiger Verletzung heute wieder gestattet ist. Das Eigenthum ist allerdings ein geheiligtes Recht, allein die Ausübung und der Gebrauch dieses Rechtes ist dem Gesetze unterworfen. Neben dem Grundsatze, daß Jedermann von seiner Sache Gebrauch machen könne, giebt es noch einen andern, eben so wahren, daß es nämlich dem Staate daran gelegen sein muß, darüber zu wachen, daß das Vermögen nicht verschleudert, die Familien nicht zerrüttet werden, und daß das augenblickliche Bedürfniß listige und verschlagene Menschen nicht in den Stand setze, sich des Eigenthums Anderer um einen Spottpreis zu bemächtigen. Vergeblich sagt man, der Zinsfuß dürfe nur von der gegenseitigen Lage des Verleihers und des Anleihers abhängen; des Verleihers, welcher sein Kapital anderswo nützlicher und sicherer anlegen könne; des Anleihers, dessen Lage durch den Nutzen, welchen ihm das Darlehn bringt, jedenfalls verbessert werde, selbst wenn er noch höhere Zinsen bezahle. Allein auf einzelne Thatsachen, welche vielleicht gerechtfertigt werden können, kann es hier nicht ankommen. Das Gesetz muß das Allgemeine vor Augen haben und für das allgemeine Interesse Sorge tragen." „Dem Einwande, daß die Festsetzung eines Zinsfußes Vielen hinderlich sein werde, ein Darlehn zu erhalten, steht alle Erfahrung entgegen; denn wenn es Leute giebt, welche in der Nothwendigkeit sind, Geld zu entlehnen, so giebt es auch wieder Andere, welche Geld ausleihen müssen. Wäre jener Einwand aber auch begründet, so dürfte sich der Gesetzgeber dadurch noch nicht abhalten lassen, den Zinsfuß zu bestimmen."

Die große Mehrheit des Landes hat bisheran im Einverständniß mit der Regierung und der Landesvertretung sowohl im Jahre 1836, als im Jahre 1850 hieran festgehalten und alle Versuche der Gegner mit überwiegenden Majoritäten nicht bloß zurückgewiesen, sondern die Wucherstrafen noch erheblich gesteigert.

In einem von den Ministern Billault und Rouher am 17. November 1857 an Napoleon III. über die Wucherfrage erstatteten Vortrage wird wiederholt anerkannt, daß das Gesetz vom 3. September 1807 die beabsichtigten Wirkungen mit überraschender Schnelligkeit und Sicherheit hervorgebracht habe. Die große Masse der Kapitalisten habe sich mit achtungsvoller Scheu vor dem Gesetze gebeugt und jeder Ehrenmann habe sich beeilt, von allen ungesetzlichen Geschäften zurückzutreten. Der Zinsfuß sei in kürzester Frist von einer schwindelnden Höhe bis hinter die gesetzlichen Grenzen zurückgedrängt worden und der Kurs der Staatspapiere habe gleichzeitig den höchsten Stand erreicht; die Zahl der in Schuldhaft gehaltenen Personen, welche eben erst in erschreckendem Maße angewachsen gewesen sei, habe sich unter die Hälfte vermindert.

Wenn man heute nicht selten zur Beseitigung des Präjudizes, welches aus diesen handgreiflichen Mißerfolgen der national-ökonomischen Doktrinen erwachsen ist, beschönigend darauf hinweist, daß in jenen Ländern zwischenzeitlich manchfache Umwälzungen, Kriegsjahre und andere Störungen eingetreten seien, so drängt sich wohl für uns, ganz abgesehen von jeder desfallsigen sachlichen Widerlegung, die ernste Frage hervor, ob denn die heutigen Oekonomisten etwa für Preußen und Deutschland eine sicherstellendere Bürgschaft gegen die Wiederkehr derartiger Anomalien und Eventualitäten übernehmen können und wollen, als dies Seitens ihrer Vorläufer vom Jahre 1787 und 1793 der Fall gewesen ist??

Allein noch ein dritter Versuch, welcher durch ungewöhnliche Zwischenfälle in keiner Weise gestört wurde, ist im Laufe unseres Jahrhunderts unternommen, aber ebenwohl nach bittern Erfahrungen und schweren Leiden wieder aufgegeben worden. In Norwegen nemlich hat im Jahre 1842 (nicht 1824, wie bei Berndt angegeben ist) der Storthing, ebenfalls den Rathschlägen der Oekonomisten folgend, die theilweise Aufhebung der Zinsbeschränkungsgesetze beschlossen, und auch dort sind inmitten der ruhigsten, normalsten Zustände keineswegs die verheißenen Segnungen in Erfüllung gegangen; vielmehr ist auch dort, wie in Oestreich und Frankreich, nur Verarmung des Volkes, Rückgang der Produktion und manchfacher Ruin die Folge eines Wuchertreibens gewesen, das 40 und 50 pCt. Zinsen zu erpressen verstand. Im Jahre 1851 wurde daher auch in Norwegen das Wuchergesetz wieder hergestellt, nachdem man aus den Thatsachen zur Genüge die Gewißheit geschöpft zu haben meinte, daß die Wuchergesetze es denn doch nicht seien, welche, wie die Oekonomisten behaupten, erst den Wucher schafften. M. Wirth, welcher in der oben citirten Monographie gegen die Zinswuchergesetze bei Darlegung der Rechtsgeschichte derselben dieses wahrhaft bemerkenswerthen geschichtlichen Momentes gar keine Erwähnung thut, begnügt sich in seiner National-Oekonomie Bd. II. S. 300 in dieser Beziehung damit, in einer kleinen Note zu konstatiren, daß die Zinswuchergesetze in Norwegen 1824 aufgehoben, und „merkwürdiger Weise“ 1851 wieder hergestellt worden seien. Im Uebrigen scheint er selbst sich indessen weder diese „merkwürdige“ Thatsache, noch auch die daraus erwachsende Schlußfolgerung sonderlich gemerkt zu haben; er geht eben nach der Art aller Doktrinärs, die sich ja durch Thatsachen nicht belehren lassen, sondern der nackten Formel huldigen, unbelehrt und unbeirrt an derselben vorbei. Ein anderer Gegner der Zinswuchergesetze, A. Berndt, ist in dieser Hinsicht offener und klarer. Er meint seinerseits, überall seien die Termine der Freiheit im Geldverkehre zu kurz gewesen, um hinlängliche Erfahrungen zu gewähren; die Erscheinungen, welche jede Uebergangsperiode mit sich führe, seien voreilig als bleibende Nachtheile aufgefaßt worden, bevor die Gewöhnung an die Freiheit die volle Konkurrenz auf den Markt gerufen habe.“ Also die Leiden einer 16-, 14- und 10jährigen Erfahrung, wie sie Oestreich, Frankreich, und Norwegen bereits gemacht haben, sind nach seiner Meinung nur noch zu kurz gewesen, und unser Vaterland kann und soll sich mithin auf weit längere Leiden gefaßt machen, bevor die volle Konkurrenz der Kapitalien auf den Markt gerufen sein wird?! Sicherlich eine hohe Glaubens- und Prinzipientreue, an welcher nur das Eine auszusetzen ist, daß das Martyrium Niemandem anders, als dem Vaterlande selber zufallen würde.

In England sind im Laufe dieses Jahrhunderts zwar ebenfalls die Zinsbeschränkungsgesetze aufgehoben worden, allein der vorsichtige Gang, welchen die englische Gesetzgebung dabei eingeschlagen, ist so wesentlich verschieden von demjenigen, welcher durch den vorliegenden Gesetzentwurf dermalen für Preußen beantragt wird und, wie wir gesehen, bereits in Oestreich, Frankreich und Norwegen so verderblich gewirkt haben, daß jener Vorgang Englands schon aus diesem Grunde für den vorliegenden Gesetzentwurf nicht als Parallele angerufen werden kann.

In England ist man weit davon entfernt gewesen, die alten Zinsbeschränkungsgesetze auf Grund der von den Oekonomisten, namentlich von Bentham, vorgetragenen theoretischen Ausführungen und Formeln abzuschaffen, man hat vielmehr in richtiger Erkenntniß der Gefährlichkeit eines solchen Vorgehens sich schlechthin auf den Boden der thatsächlichen Ermittelungen gestellt. Schon im Jahre 1818 war ein Antrag auf Abschaffung der Wuchergesetze gestellt, jedoch vom Unterhause verworfen worden. Das Parlament mißachtete indessen keineswegs die hohe Bedeutung der Angelegenheit, sondern veranlaßte eine umfassende Untersuchung derselben, und erst nach vollständiger Klarstellung der thatsächlich obwaltenden Kreditverhältnisse und der aus einer Modifikation der Zinsbeschränkungsgesetze voraussichtlich hervorgehenden Wirkungen hat es eine allmälige Reform derselben mit der größten Vorsicht begonnen. Im Jahre 1833 ist demgemäß festgestellt worden, daß nur Wechsel, und zwar nur solche, welche nicht länger, als auf 3 Monate lauten, fernerhin den Bestimmungen der Wuchergesetze nicht unterliegen sollen. Im Jahre 1837, nachdem die Wirkung dieses ersten Stoßes verschmerzt war und die Personen und Verhältnisse sich dem neuen Rechte akkomodirt hatten, hat man einen Schritt weiter gethan, indem man das vorbezeichnete Gesetz auf Wechsel mit einer Verfallzeit von einem Jahre ausdehnte, jedoch nur unter der Bedingung, daß die Wechsel nicht auf einen geringern Betrag, als 10 Pfd. Sterl. lauteten, mithin nicht präsumtiv dem kleinen Verkehre angehörten. Alle sonstigen Bestimmungen der Wuchergesetze der Königin Anna (1714) blieben beibehalten. Aber auch diese schüchterne Ausdehnung des ersterwähnten Gesetzes wurde nicht definitiv, sondern nur zeit- und probeweise bis zum Jahre 1840 vorgenommen und demnächst weiter verlängert. Noch im Jahre 1845, also 12 Jahre nach der zuerst bewirkten Reform, sprachen sich Robert Peel und Baring, Beide entschiedene Gegner der Zinswuchergesetze, auf's Bestimmteste gegen jede sofortige Aufhebung der Zinsbeschränkungsgesetze überhaupt aus, indem sie dieselbe für eine „übereilte" Maßregel erklärten. Es fehlte aber auch schon damals nicht an Stimmen, welche die dem Wucher eröffnete Freiheit als eine Gefahr und eine Schädlichlichkeit bezeichneten, und M. Williams erklärte aus eigener Wissenschaft im Parlamente, daß viele Bankerotte dadurch herbeigeführt worden seien, daß man sich nicht selten zur Zahlung von 15, 20, ja 60 pCt. verstanden habe, um eine kurze Existenz zu fristen.*) Erst im Jahre 1854, also nach einundzwanzigjährigen Versuchen und Vorbereitungen des Publikums, glaubte man in Großbritannien den gewagten Schritt einer gänzlichen Aufhebung der mit allen Vermögens- und Produktionsverhältnissen im engsten Zusammenhang stehenden Zinsbeschränkungen thun zu dürfen. Und dennoch ist es einleuchtend, daß gerade in Großbritannien die möglich geringste Gefahr mit jener Maßregel verbunden war, indem einestheils durch die Ueberfülle des Kapitals und die Masse der cirkulirenden Banknoten eine Monopolisirung des Zinsfußes dort kaum zu befürchten war, und als anderntheils das Grundeigenthum selber sich überwiegend im Besitze fester Hände befindet und mit Kapitalkündigungen kaum bedroht war, — Alles Umstände, welche der ausschließlichen Herrschaft der Kapitalmacht kräftig entgegenwirken, deren Gegentheil aber in unserm Vaterlande unbestrittenermaßen die Regel bildet. Jedenfalls kann aber auch jener Vorgang Großbritanniens schon wegen der Neuheit seines Datums vor der Hand nur noch als ein bloßer Versuch angesehen werden, dessen definitiver Erfolg noch abzuwarten ist. Ganz gewiß steht das Eine fest, daß die Zinsgesetze so wenig, wie die Navigationsakte, welche mit dem Systeme der Oekonomisten in gleich scharfem Gegensatze sich befinden, Großbritannien gehindert haben, den ersten Rang unter den Kulturvölkern der Welt zu erobern. Nicht minder gewiß ist, daß es durch das Prinzip der Selbstregierung eine Gesundheit und Tüchtigkeit des Volks- und Wirthschaftslebens begründet hat, welche ohne Zweifel manche Institutionen tragen kann, die minder begünstigten Völkern verderblich sein würden. Allein ungeachtet aller dieser höchst günstigen Verhältnisse hat sich doch auch schon in England die Kehrseite der neuen Freiheit hervorgekehrt. Zur Zeit der letzten Krisis schrieb die Times: „Man sagt uns, daß die Gesellschaftsbanken den Depositaren sehr hohe Zinsen boten, um die Depositen anzuziehen, und da nach Bezahlung dieser Zinsen noch ein Gewinn für die Aktionäre erzielt

*) Cfr. Hansard, parliamentary debates. T. 38. p. 1704 seq., t. 48. p. 723 seq.

werden mußte, so wurde es nothwendig, noch höhere Zinsen von dem Fabrikanten oder Kaufmann zu verlangen, der das Geld zum Betrieb seines Geschäftes borgte. Und so wie hohe Zinsen immer hohe Wagnisse mit sich bringen, so waren die Unternehmungen, für die das Geld vorgeschossen wurde, natürlich auch sehr spekulativer und unsicherer Art, d. h. unsolid. Die Folge war, daß die unsoliden Geschäftsleute Aufmunterung fanden, und daß man sich gewöhnte, mit dem Kapitale Anderer um fabelhafte Einsätze zu spielen, auf die Aussicht allgemeiner Bereicherung oder allseitigen Ruines hin. (Also fast buchstäblich, wie Ad. Smith es vorhergesehen!) Die hohen Interessen aber, welche die Banken sich zahlen lassen, sind mit entsprechendem Risiko verbunden, und das Ende ist, allen naturgemäßen Berechnungen zufolge, — ein Zusammensturz!"

Was endlich in der allerjüngsten Zeit (1857) in Sardinien und andern Kleinstaaten oder Städten geschehen ist, kann wohl am wenigsten als eine Autorität für Preußen angerufen werden, bevor der Versuch nicht definitive Erfolge aufzuweisen hat, was mindestens noch nicht der Fall ist. So lange andere Staaten, deren Zustände mit denen der letztgenannten eine viel größere Aehnlichkeit haben, als die unsrigen, es noch nicht für gut befunden, dem Experimente zu folgen, darf es durch die höchsten Rücksichten der Klugheit geboten erscheinen, nicht zu thun, was Peel und Baring noch im Jahre 1845 eine „übereilte" Maßregel genannt haben.

Wenn es nicht zu bestreiten ist, daß Braunschweig eine größere volkswirthschaftliche Aehnlichkeit mit unserm Vaterlande hat, als alle andern vorgenannten Staaten, dann möchte es von größerem Interesse sein, darauf hinzuweisen, daß die dortige Landesvertretung vom 17. März 1858 einen vom Ageordneten Jüngel auf Abschaffung der Wuchergesetze gerichteten Antrag einstimmig verworfen hat.

Einstweilen dürfen und müssen wir hiernach daran festhalten, daß die oben hervorgehobenen historischen Momente im Großen und Ganzen die abgeschlossenen, vollendeten Thatsachen darstellen, welche die Geschichte und die Erfahrung anderer Länder als Probe und Rückprobe hinsichtlich der Zinsbeschränkungsgesetze an die Hand giebt. Erfreulich ist es dabei zu konstatiren, daß diese großen Lehren der Geschichte wenigstens nicht an allen Nationalökonomen spurlos vorübergegangen sind und daß gerade die bedeutendsten deutschen Vertreter jener Wissenschaft, Rau und Roscher, dieselben nicht unbeachtet gelassen, sondern es vorgezogen haben, einigen Zweifeln an der Unfehlbarkeit der Doktrin Raum zu geben. Roscher (§. 194) resümirt sein Urtheil über die vorstehenden, der national-ökonomischen Formel scharf genug widersprechenden Thatsachen dahin, daß er das immerhin sehr ängstlich gefaßte Zeugniß ablegt: „Gleichwohl (d. h. trotz der von der Doktrin vorgebrachten Rechtfertigungsgründe) hat die völlige Aufhebung der Wuchergesetze sich nicht unter allen Umständen bewährt." Rau hatte in seiner Ausgabe von 1828 in dieser Beziehung nur noch gesagt: „Diese und andere durch Thatsachen begründete Besorgnisse reichen zwar nicht zu, um die Beibehaltung der bisherigen Wuchergesetze zu rechtfertigen; sie zeigen aber die Nothwendigkeit, bei der Aufhebung derselben manche Vorsichtsmaaßregeln zu treffen, welche die mit der Herstellung größerer Freiheit verknüpften ungünstigen Folgen zu mildern vermögen u. s. w." In der neuesten Ausgabe von 1858 giebt dagegen der gereifte Meister der Wissenschaft statt dessen folgendes Urtheil ab: „Diese und andere auf Thatsachen beruhende Besorgnisse machen es zweckmäßig, nicht alle gesetzlichen Vorschriften über Zinsdarlehen aufzuheben." Sapienti sat!

Sache der Gegenwart ist es also, nach bestem Wissen und Gewissen zu erwägen, ob im Allgemeinen die Meinungen der Tagespresse oder die großen Lehren der Geschichte schwerer in's Gewicht fallen, — ob die Gesellschaft sich auf Gnade und Ungnade einer von den Meistern der Wissenschaft in Zweifel gezogenen Theorie, einem auf falschen Voraussetzungen beruhenden Syllogismus zu ergeben hat, die bisheran wenigstens noch keinen Erfolg im Großen aufzuweisen haben, wohl aber eine Reihe von Mißerfolgen im großartigsten Maßstabe. Wären die Gründe und Behauptungen der Doktrin in der That richtig und unwiderleglich, wie sie es nicht sind, so würden wir unsererseits das Wort eines der kompetentesten Vertreter jener Wissenschaft, Rossi (Cours d'économique politique I. 17 leç.), der zugleich ein Gegner der Zinsbeschränkungsgesetze ist, gegen ihn und seine Meinungsgenossen anrufen müssen: „Die politische Oekonomie, sagt er mit Recht, ist nicht allein die Lenkerin der Gesellschaft; nur Fanatiker könnten den sonderbaren Anspruch erheben, daß alle socialen Fragen von einem einzigen Prinzipe aus zu lösen seien." Auch bei dieser unserer Anwendung jenes eminent richtigen Gedankens von Rossi würde uns sofort ein anderer bewährter Schriftsteller der herrschenden Schule, Ganilh, zur Seite stehen, indem derselbe gerade in Beziehung auf die Zinswucherfrage sagt: „Sollten etwa die durch die Theorie aufgestellten Betrachtungen von unwiderstehlicher Kraft sein, so sind sie doch durch die Erfahrung nicht bestätigt. Es ist gewiß, daß, so oft der Zinsfuß der Willkür der Kontrahenten anheimgegeben war, er nur dem Einen zur Befriedigung der Habsucht, den Andern zum Ruine gedient hat. Es besteht eben in diesem Vertrage nicht das Gleichgewicht der Stellung, welches in allen übrigen Verträgen besteht. Das Bedürfniß oder das Elend des Geldsuchers giebt dem Darleiher ein so großes Uebergewicht, daß Letzterer sehr großer Tugend bedarf, um zu widerstehen.“ Mit diesen wenigen Worten Ganilh's ist im Grunde die ganze Widerlegung des gegnerischen Systems gegeben; der weitere Verfolg unserer Untersuchung dürfte übrigens auch ergeben, daß einestheils in Ermangelung der erforderlichen großen Tugend Seitens der Darleiher auch durch die entsprechenden Strafgesetze nicht ohne Erfolg nachgeholfen werden kann, — und daß anderntheils die national-ökononomische Doktrin der Gegner und ihre Beweisführung in der That nicht von „unwiderstehlicher Kraft“ ist, vielmehr nach mehr als einer Seite hin auf unrichtigen und halbwahren Voraussetzungen beruht. Wäre aber selbst dieser Nachweis nicht zu erbringen, so würde der ungelöst bleibende Gegensatz zwischen den Thatsachen und der angeblich richtigen Doktrin nur um so bedenklichere Schlußfolgerungen hinsichtlich des Werthes der betreffenden Wissenschaft überhaupt rechtfertigen.

Die Gegner der Zinsbeschränkungsgesetze sagen, das Geld sei eine Waare, wie jede andere; es sei den Preisschwankungen ausgesetzt, die aus der Wechselwirkung zwischen Nachfrage und Angebot hervorgehen, und müsse die hieraus erwachsenden Vortheile genießen, wie es die Nachtheile jenes Verhältnisses zu tragen habe. Das Geld sei nun kraft des ihm innewohnenden allgemein und gleichmäßig anerkannten reellen Werthes zugleich der Werthmesser und Träger des Tauschwerthes aller übrigen Güter, d. h. der Repräsentant des Kapitales. Dies Kapital, als einer der Faktoren der Vermögenserzeugung, müsse sonach in derselben Weise, wie die menschliche Arbeit und die sonstigen zur Produktion erforderlichen Kräfte am Produktionsgewinne Theil nehmen, und der ihm speziell zukommende Antheil daran könne unbedingt nur durch die freiwirkende und ausgleichende Kraft der Konkurrenz, durch das Verhältniß von Angebot und Nachfrage bestimmt werden. Jede gesetzliche Einwirkung hierauf sei mithin natur= und rechtswidrig und verletze sowohl den Verleiher, als den Darlehnsucher, — Erstern, indem sie ihn verhindere, von seinem Kapitale den möglich höchsten Nutzungswerth zu ziehen, — Letztern, indem sie ihn bei unzureichender Sicherheit der Rückzahlung durch Untersagung des ihm als Assekuranzprämie aufzuerlegenden höhern Zinsfußes von der Mitbewerbung im Kapitalverkehre gänzlich ausschließe.

Diese Deduktion ist nach unserm Dafürhalten in zweifacher Weise unzutreffend und falsch. Sie ist unzutreffend, indem sie die ganz besondere und eigenthümliche Natur des Geldes, als solches, verkennt und es mit allen übrigen Gütern oder Waaren auf völlig gleiche Linie stellt; sie ist falsch, indem sie bei Beurtheilung der Wirkungen der Zinsbeschränkungsgesetze von thatsächlich unrichtigen Voraussetzungen ausgeht. Um eine positive Grundlage für die weitere Untersuchung zu erlangen, wollen wir zunächst bei dem letzten Punkte stehen bleiben.

Es springt vor Allem in die Augen, daß die Gegner, welche über Beschränkung der Mitbewerbung derjenigen Kapitalsucher Beschwerde führen, die nur eine mangelhafte Sicherheit für Rückerstattung des Darlehens darzubieten vermögen, entweder davon ausgehen, daß im Volksvermögen eine so große Masse von Kapital vorhanden sei, um jederzeit allen Darlehnsuchenden ohne Unterschied Genüge leisten zu können, oder daß sie, falls dies nicht ihre Meinung sein möchte, es für wünschenswerther und gerechter erachten, daß diejenigen Mitbewerber, welche dem Kapitalbesitzer zwar nur eine ungenügende oder keine Sicherheit leisten, aber um so höhere Zinsen versprechen, vor Denjenigen den Vorzug erhalten, welche sich in der entgegengesetzten Lage befinden. Es bedarf nun aber sicherlich keines Beweises, daß die erste Voraussetzung unstatthaft ist, und daß gerade der relative Mangel an Kapital im Verhältniß zur Größe der Spekulation eine unzweifelhafte Thatsache ist. Aus diesem relativen Kapitalmangel gehen gerade die mannichfachen Nothstände hervor, welche die Gegenwart so drückend belasten und namentlich auch die Handelskrisis von 1857 herbeigeführt haben.

Das Gesammtkapital eines Volkes ist eben ein quantitativ genau begrenztes und besteht aus den vorhandenen Bodenameliorationen, Gebäuden, Werkzeugen, Nutzthieren, Stoffen, Unterhaltsmitteln und dem Gelde, als dem vornehmsten Werkzeuge jedes Verkehrs. Dies Gesammtkapital befindet sich bei jedem normalen Wirthschaftszustande in einem ununterbrochenen Kreislaufe der Verzehrung und Wiedererzeugung und kann nur durch gesteigerte Produktion und Ersparung, keineswegs durch einen bloßen Willensakt der Menschen vermehrt werden. Zum Zwecke jener Produktion genügt nun das Kapital als solches nicht, es bedarf vielmehr des Zusammenwirkens mit zwei andern Faktoren, nemlich mit dem Faktor der Arbeit und der Natur, insbesondere des Grundes und Bodens, als der wesentlichen Voraussetzung jeder Urproduktion und aller weitern Bethätigung der menschlichen Kräfte. Da nun jene drei Faktoren sich nur ausnahmsweise im Besitze eines Einzigen vereinigt finden, so ist es eine der wesentlichsten Aufgaben der Volkswirthschaftspflege und der Gesetzgebung, das Zusammenwirken dieser drei Faktoren in möglichst umfassender und gedeihlicher Weise zu vermitteln, insbesondere die wünschenswertheste Vertheilung und Verwendung der Kapitalien sicherzustellen. Es kann dies im Allgemeinen nur geschehen vermittelst des Kredits, d. h. vermittelst der Thatsache, daß ein Nichtbesitzer gegen das Versprechen der Rückerstattung in den Stand gesetzt wird, über fremde Güter, beziehungsweise über fremdes Kapital zu verfügen.

Geht man von diesen unbestreitbaren Voraussetzungen aus, so tritt vor Allem die Frage hervor, ob es als nützlich und nothwendig anerkannt werden müsse, den Kredit unbeschränkt sich selbst zu überlassen, d. h. der Benutzung und Ausbeutung desselben keine Schranken zu setzen, und die Aufgabe der staatlichen Einwirkung lediglich darauf zu beschränken, daß dieselbe den Willen der Paciszenten möglichst rasch und sicher von Obrigkeitswegen in Vollzug setze. Es fehlt nun in der That nicht an Solchen, welche alles Ernstes diese Forderung erheben und sich zu deren Rechtfertigung zunächst auf das angeblich natürliche Recht des Menschen, von seiuem Kredite jeden beliebigen Gebrauch zu machen, sodann aber auch mit einem gewissen Grade der Berechtigung auf den Vorgang der Nordamerikanischen Freistaaten und theilweise selbst Großbrittaniens berufen. Diese freieste Benutzung des Kredits, sagt man, macht es möglich, die kostspielige Gold- und Silbermünze durch ein beinahe nichts kostendes Umlaufsmittel zu ersetzen; der Zinsbetrag des so ersetzten Münzkapitals wird somit zum großen Theile erspart, da erfahrungsmäßig ein Kassenbestand von einem Drittheil oder Viertheil der ausgegebenen Privatpapiergeldbeträge, Banknoten u. s. w. zum Zwecke ihrer Umwechselung erforderlichen Falles genügt.

Unser Vaterland indessen, glaube ich, hat sich für diese ökonomistischen Anschauungen allerdings noch nicht reif erachtet, es hält die Anpreisungen derselben vielmehr ziemlich allgemein für Humbug und Schwindel, und die preußische Gesetzgebung insbesondere hat bisheran jener unbeschränkten Benutzung des Privatkredits nicht nur nicht die hemmenden Schleusen geöffnet, sondern sogar den Betrag des Staatspapiergeldes selber auf ein Minimum reducirt, weil sie von der Ueberzeugung ausgeht, daß der bezeichnete Vortheil der Zinsersparung in keinem Verhältnisse mit den dadurch hervorgerufenen Nachtheilen und Gefahren steht.

Aus dieser allgemeinern Erwägung dürfte schon zum Voraus kein günstiges Präjudiz für die hier in Rede stehende engere Frage zu entnehmen sein. Es handelt sich im Wesentlichen darum, ob es im Interesse der Gesammtheit wünschenswerther erscheine, daß dem Privatkredite eine möglichst große Ausdehnung oder aber eine möglichst große Solidität gegeben werde. Wenn die Antwort hierauf kaum zweifelhaft sein kann, und wenn überdies die an die Spitze gestellte Voraussetzung festgehalten wird, daß eine hinreichende Masse von Kapital nicht existirt, um allen Kapitalsuchern zu genügen und alle beabsichtigten Kapitalanlagen zu verwirklichen, dann ist hiermit wohl auch die Grundlosigkeit der gegnerischen Klage festgestellt, daß durch die Zinsbeschränkungsgesetze diejenigen Kapitalsucher, welche eine entsprechende Sicherheit nicht darzubieten vermögen, vom Kapitalmarkte verdrängt würden. Denn es ist offenbar im Interesse der Gesammtheit, wo möglich die soliden und nicht die unsoliden Unternehmungen gefördert zu sehen. Das ist es nun aber gerade, was durch die Zinsbeschränkungsgesetze geräuschlos und sicher herbeigeführt und durch die oben citirten Worte Adam Smith's in einfachster und schlagendster Weise gerechtfertigt wird. Sobald der gesetzliche Zinsfuß auf 8 oder 10 Prozent erhöht oder gar eine jede noch so hohe Zinsstipulation für statthaft erklärt wird, dann erhalten allerdings die Verschwender und Projektenmacher, welche allein so hohe Zinssätze versprechen, Kapital in Fülle, — allein in demselben Verhältnisse wird dasselbe nothwendig den ordentlichen Leuten, welche bei soliden, nicht auf einem Wagniß beruhenden Geschäftsbetriebe einen höhern, als den landesüblichen, Zins nicht aufbringen können, und darum auch nicht versprechen wollen, entzogen. In dieser unabweisbaren Consequenz liegt der Schwerpunkt der ganzen Frage, und es muß allerdings als eine charakteristische Erscheinung bezeichnet werden, daß diese Consequenz von den Gegnern der Zinsbeschränkungsgesetze so hartnäckig und systematisch ignorirt wird. Anstatt sie entweder anzuerkennen oder aber direkt zu bestreiten, mißdeutet man lieber die Worte Ad. Smith's, indem man ganz zuversichtlich bemerkt, Projektenmacher und Verschwender könnten nun einmal durch kein Gesetz vor Schaden behütet werden, es sei denn, daß man sie unter Kuratel stelle, — sobald dagegen Letzteres geschehen, bedürfe es hinsichtlich ihrer auch keiner Zinsbeschränkungsgesetze. Diese Argumentation ist allerdings an und für sich vollkommen zutreffend, allein dasjenige Ziel, welches sie treffen sollte, verfehlte sie auch ebenso vollkommen. Denn eine so durchgreifende, mit allen Vermögensinteressen in innigster Wechselwirkung stehende Institution, wie die der Zinsbeschränkungsgesetze, kann und soll sicherlich nicht durch die, einem ganz speziellen Gebiete der Rechtspflege angehörende Schutzbedürftigkeit der Thoren oder Verschwender getragen werden. Die Voraussetzungen, wie die Schlußfolgerungen Ad. Smith's sagen aber auch Jedem, der nicht mißverstehen will, daß er lediglich beabsichtigt hat, zur Klarstellung der aus den Zinsbeschränkungsgesetzen hervorgehenden Wirkungen die Gesammtheit der Kapitalsucher in die heute, wie immer bestehenden zwei großen Kategorien der soliden und der unsoliden Unternehmer zu zerlegen. Diese Letztern sind es nun, welche nach seiner nicht minder klaren Darlegung durch die ihnen eröffnete erfolgreiche Mitbewerbung im Kapitalverkehre keineswegs bloß sich selber beschädigen, was ihnen allerdings unbenommen sein und bleiben muß; sie beeinträchtigen vielmehr die wichtigsten materiellen Lebensinteressen der Gesammtheit, indem sie den soliden Unternehmern das Kapital über Gebühr vertheuern und entziehen. So weit das Kapital wirklich in ihre Hände gelangt, wird es nothwendig zu gewagten Geschäften oder Börsenspekulationen verwendet, welche allein eine Möglichkeit so hoher Gewinne in Aussicht stellen, daß der versprochene hohe Zins dadurch denkbarer Weise gedeckt werden kann. Die Wahrscheinlichkeit muß aber selbstredend gegen diese letztere Alternative sprechen, weil eben die betreffenden Geschäfte nur daraufhin von dem Publikum, dem allein kompetenten Richter dieser Frage, als gewagte Geschäfte angesehen und behandelt werden. Hienach werden also die den bezeichneten Spekulanten zufließenden Kapitale nicht blos ihrer soliden wirthschaftlichen Verwendung entzogen und gefährdet, sondern aller Wahrscheinlichkeit nach auch durchgebracht und zerstört.

Man darf sich in dieser Beziehung namentlich auch nicht der Täuschung hingeben, daß wenigstens Ein waghalsiger Spekulant wahrscheinlich so viel gewinnen werde, als der Andere verliert, und daß hiermit für das Nationalvermögen eine Kompensation eintrete.

Aus zwei Gründen ist vielmehr mit voller Sicherheit darauf zu rechnen, daß dies nicht eintritt. Für's Erste liegt es eben in der Natur der waghalsigen Spekulation, daß der Gewinnende sich für die getragene Angst des Mißlingens und des Unterganges durch Glanz, Luxus und Genuß entschädigt und einen Theil des Gewinnes unproduktiv verzehrt, mithin das Nationalkapital selbst, auf dessen stets sich befruchtender Wechselbeziehung die Erhaltung und Förderung der menschlichen Gesellschaft beruht, unzweifelhaft vermindert. Sodann ist es aber auch nicht weniger klar, daß die durch eine verfehlte Spekulation, z. B. in einer unsoliden Bergwerks- oder Fabrikunternehmung entstandene Lücke, Verwirrung und Arbeitslosigkeit nicht sofort durch ein anderes Kapital ausgefüllt und ersetzt werden kann. Denn das Kapital so wenig, wie der Arbeiter, kann sofort und ohne neue Störungen und Verluste an Ertrag, Zeit und Arbeitskraft von einer Verwendung zu einer andern übergehen.

Man wendet vielleicht gegen diese ganze Beweisführung ein, daß einestheils der Begriff eines Schwindlers und Projektenmachers kaum zu fixiren sei, und daß mancher große Erfinder für einen solchen angesehen, also durch den niedrigen gesetzlichen Zinsfuß von der Mitbewerbung um Kapital ausgeschlossen werde, — und daß anderntheils das kapitalbesitzende Publikum selbst am besten und sichersten die wahrscheinlichen Chancen des Erfolges gewagter Geschäfte beurtheilen könne und werde. Allein es ist hierauf zunächst zu erwiedern, daß es einer scharfen objektiven Begriffsbestimmung der betreffenden Kategorie von Spekulanten aus dem einfachen Grunde gar nicht bedarf, weil dieselben eben auf's zureichendste durch den Umstand gekennzeichnet werden, daß sie zu dem höchsten landesüblichen Zinsfuße kein Kapital erlangen können. Ebenso gewiß ist es, daß diejenigen, die zu höherem, als dem landesüblichen Zinsfuße

Kapital suchen, in der Regel wirklich Schwindler, und nicht große Erfinder und Genies sind, sowie daß die Wirthschaftsordnung der Gesammtheit nothwendig auf die Regel und nicht auf die Ausnahme berechnet und basirt werden muß. Wo möglich noch falscher und der Wirklichkeit widersprechender ist die Annahme, bei freiester Mitbewerbung werde das Kapital jedesmal durch genaueste Abwägung aller in Betracht kommenden Momente Seitens der Kapitalbesitzer in die relativ geeignetsten Hände gelangen; es ist dies eben wieder eine nackte, abstrakt-logische, doktrinäre Formel, die nicht mit Menschen und ihren Leidenschaften, sondern nur mit Begriffen rechnet.

Einer der neuesten, für Aufhebung der Zinsbeschränkungsgesetze kämpfenden Nationalökonomen, M. Wirth, trägt wenigstens in dieser Beziehung kein Bedenken, die Thatsachen in ihrer Wirklichkeit anzuerkennen, indem er sagt: „Merkwürdiger Weise ist das Publikum in nichts leichtgläubiger, als in Geldsachen, wo es sich doch oft um Sein und Nichtsein handelt;“ er fügt noch hinzu, daß dies grade „das Geheimniß der neuen Feudalherren des Industrialismus sei.“ Auch hier begegnen wir also wiederum bei demselben Schriftsteller und bei einem ähnlich wichtigen Momente der Anerkennung einer „merkwürdigen“ Thatsache, deren Konsequenzen er sich indessen doch nicht allseitig merkt, weil sie nun einmal nicht in das System und in die selbstgeschaffene Formel paßt.

Wie sehr die Menschen in der That das Wagen lieben, zeigt ja am einfachsten das Lotterie- und Hazardspiel; man sieht eben nur den lockenden Gewinn, nicht die Chancen des Verlustes, und wird in dieser Blindheit nicht müde, sich immer wieder von Neuem ausbeuten zu lassen, wie das französische Sprüchwort jüngeren Datums: „il est dupe comme un actionaire“ es richtig kennzeichnet. Unser Landesgesetz weiß dies auch nur zu gut und hat darum kein Bedenken getragen, auch nach dieser Seite hin nicht das Prinzip der s. g. freien Aktion, das laisser aller et faire zu proklamiren, sondern es hat jenes Spiel verboten und mit Strafen bedroht. Ja, es geht noch viel weiter, indem es sich auch gegen minder offenbare Spielgeschäfte, nämlich gegen die Agiotage und den unsoliden Spekulationsgeist überhaupt erhebt und beispielsweise hinsichtlich aller nicht voll eingezahlten Effekten einen Geschäftsverkehr nur Zug um Zug gestattet, d. h. jedes Kreditgeben und jede Klagbarkeit ausschließt. Es kann also nach dem Geiste unserer Gesetzgebung auch hier nur auf die ernste Erwägung der wirklichen Thatsachen und nicht bloß auf ein s. g. Prinzip der freien Aktion ankommen, welches die Gegner selbst unbedenklich in demselben Augenblicke mit großer Entrüstung zurückweisen, wo es ihren sonstigen Bestrebungen widerspricht.

Oder wollte man etwa die Behauptung aufstellen, daß auf dem Gebiete der Geld- und Kreditinteressen, das allen Stürmen der beweglichsten Leidenschaften, der Habsucht und Genußsucht, der ausschweifendsten chimärischen Hoffnung und des panischen Schreckens ausgesetzt ist, die hemmenden Schranken des Gesetzes entbehrlicher seien, als auf dem Gebiete des Grundeigenthums? Und dennoch sind die Gegner der Zinsbeschränkungsgesetze ziemlich ausnahmslos mit uns der Ueberzeugung, daß beispielsweise die Errichtung von Lehen oder die Stiftung von Familien-Fideikommissen keineswegs der Privatautonomie anheimgegeben, sondern im Interesse der Gesammtheit gesetzlich, wo möglich sogar verfassungsmäßig untersagt werden müsse.

Bei den Zinsbeschränkungsgesetzen handelt es sich aber noch um ein Mehreres, als um die Vinkulirung oder Nichtvinkulirung irgend eines Grundstückes oder Gutes; es handelt sich um die Grundlage alles beweglichen und unbeweglichen Vermögens schlechthin. Es fragt sich, ob die Gesetzgebung von dem Rechte und der Pflicht abdiziren soll, nicht etwa einzelne Thoren und Verschwender, sondern die Gesammtheit der Gesellschaft gegen die hinreichend aufgeregten Leidenschaften der Bereicherung ohne Arbeit, gegen das Ueberfluthen der gewagten Geschäfte und endlich gegen die unermeßlichen sozialen Gefahren zu beschützen, in welche die frei geschwungene Geißel des Wuchers nach dem Zeugniß der Geschichte die Völker hineintreibt.

Die Freiheit der Verträge ist allerdings die Grundlage des Civilrechts, allein diese Freiheit unterliegt, wie jede andere, der allgemeinen, durch die soziale Lebensordnung gebotenen Beschränkung, daß sie nicht im Widerspruch mit den Forderungen des Rechts, der guten Sitten und der öffentlichen Ordnung ausgeübt werde. Soweit diese allgemeinen und höchsten Güter es erfordern, darf und muß die Freiheit der Einzelnen und ihrer Willensbestimmung im Interesse der Gesammtheit beschränkt werden. Es kann sich also nur immer wieder fragen, ob und inwieweit jenes Interesse der Gesammtheit bei der Frage der Zins- und Wuchergesetze thatsächlich betheiligt ist; hiermit ist denn auch zugleich die Rechts- und Prinzipienfrage erledigt.

Ganz abgesehen von den oben angedeuteten Folgen der Aufhebung der Wuchergesetze ist es in die Augen springend, daß der Darlehnsvertrag, als solcher, wie das Rechtsbewußtsein der Jahrhunderte ihn ausgebildet und die Gesetzgebung der Gegenwart ihn aufgenommen, vollends denaturirt werden würde, wenn das System der Gegner Geltung erhalten könnte. Dieselben erkennen an, daß der landesübliche und gesetzliche Zinsfuß dem normalen Nutzungswerthe des Kapitals, einschließlich der mit Sicherung des Rückempfangs verbundenen Mühen und Kosten entspricht; sie tadeln nur, daß es durch die Wuchergesetze unmöglich gemacht werde, die Kapitalien gegen das Versprechen eines höhern Zinses, der als Assekuranzprämie zu betrachten sei, an solche Kapitalsucher gelangen zu lassen, welche die durchschnittliche Sicherheit für Rückerstattung nicht zu bieten vermöchten. Sobald dies System Eingang findet, hat der Darlehnsvertrag aufgehört, ein normaler und reeller Kontrakt des Civilrechts zu sein, er ist ein wirkliches aleatorisches Geschäft geworden, wie der Assekuranzvertrag überhaupt, wie die Lebensversicherung, der Leibrentenkontrakt, wie das Spiel und die Wette. Kann es wirklich die Absicht der Gesetzgebung sein, ein solches Geschäft selbst auf dem flachen Lande, unter den Bauern, einzubürgern, von denen M. Wirth wohl etwas zu bestimmt, jedoch nicht ganz ohne Grund sagt, „sie seien zur Verschwendung und Trunkenheit geneigt"? Soll und kann denn auch noch ein solches aleatorisches Geschäft fernerhin Seitens der Vormundschaften, der milden Stiftungen, der Gemeinden und Korporationen abgeschlossen werden? Welchen Zinssatz werden die Vormünder und die Vertreter von Korporationen zu stipuliren und unter eigener Verantwortlichkeit zu repräsentiren haben, — wo beginnt für sie, wie für jeden Ehrenmann, die Gefahr, übermäßige und wucherische Zinsen, gegen welche die Gegner der Zinsbeschränkungsgesetze sich ja ebenfalls mit tiefer sittlicher Entrüstung aussprechen, von einem unsichern Kapitalsucher gefordert und angenommen zu haben? Soll etwa künftighin der in ein Versicherungsgeschäft umgewandelte Darlehnsvertrag überhaupt nach dem Rechte der gewagten Geschäfte und der Versicherungen beurtheilt werden? Doch genug der Fragen, da es klar ist, daß durch essentielle und maaßgebende Aufnahme des Begriffs der

Assekuranzprämie in die Zinsstipulation der Darlehnsvertrag schlechthin denaturirt und in ein aleatorisches Geschäft im eigentlichen Sinne des Wortes verwandelt wird.

Einen der wichtigsten Gesichtspunkte zur Beurtheilung der ganzen Angelegenheit bietet die weitere Frage dar, welche indirekte Folgen die durch Aufhebung der Zinsbeschränkungsgesetze eröffnete erfolgreiche Mitbewerbung der bisheran vom Kapitalmarkt ausgeschlossenen Kategorieen der Geldsucher, mag man sie nun Projektenmacher oder waghalsige Spekulanten oder wie immer nennen, herbeiführt. Wie wir bereits gesehen, so werden dieselben künftighin das durch die mangelhafte Sicherstellung der Kapitalrückzahlung ihnen bisheran entgegengestandene Hinderniß durch das Versprechen eines höhern, als des landesüblichen Zinssatzes beseitigen, indem sie mittelst desselben zugleich eine Assekuranzprämie an den Darleiher zahlen. Die Kapitalien, welche ihnen in dieser Weise zufließen, sind indessen auch bisheran präsumtiv nicht unbenutzt liegen geblieben, und wenn dennoch die Gegner der Zinsbeschränkungsgesetze (Braun und Wirth, Berndt) dies glauben machen wollen, indem Berndt (p. 71) es sogar „als bekannte Thatsache bezeichnet, daß ein großer Theil nicht nutzbar gemachter Geldkapitalien wirklich noch vorhanden ist und in Truhen und Schränken, zum Theil auch im Schooß der Erde lagert," weil den Eigenthümern der Kapitalien der gesetzliche Zinsfuß von 5, bez. 6 pCt. zu gering sei, so beweist eine solche Behauptung nur im vollen Maaße die Schwäche der gegnerischen Beweisführung, die sich zu derartigen Voraussetzungen und Behauptungen gedrängt sieht. Jener Kaufmann von Venedig, welcher seine kostbare Perle wieder in's Meer versenkt hat, weil ihm kein hinreichend hoher Preis dafür geboten ward, wäre demnach, wie es scheint, keine mythische, sondern eine historische Person, allein er lebt auch nur darum in der Geschichte fort, weil er der Einzige war und ist, der so — doktrinär handeln konnte.

Wir glauben also ungeachtet des Widerspruchs obiger Autoritäten daran festhalten zu müssen, daß das den neuen Konkurrenten zufließende Kapital andern minder gewagten, aber solidern Unternehmungen mit Nothwendigkeit entzogen werden muß. Diese Kapital-Entziehung wird zwar von allen Produktions- und Industriezweigen in einem gewissen Maaße empfunden werden, weil die bloße rechtliche Möglichkeit, einen höhern, als den bisherigen Zinssatz zu erlangen, alle Kapitalisten in Bewegung setzt; allein jene Kapital-Entziehung muß am unmittelbarsten und gewissesten das Grundeigenthum treffen, weil dasselbe bisheran den unmittelbarsten und umfassendsten Vortheil von den Zinbeschränkungsgesetzen gezogen hat. Nach Aufhebung dieser Gesetze wird dagegen das Kapital nicht mehr verhindert sein, sich andern Kreisen zuzuwenden und höhere Zinsen zu erlangen. Es werden also voraussichtlich grade auf dem Gebiete des Hypothekarkredits zahlreiche Kapitalkündigungen eintreten, und dieselben müssen um so schwerere Folgen haben, als einestheils das in Grund und Boden angelegte Kapital notorisch nicht mehr, als 4, höchstens 5 pCt. abzuwerfen im Stande ist, und als anderntheils ein Zurückziehen jenes Kapitales aus dem Anlagegeschäft nicht etwa, wie im Handel, theilweise auch in der Industrie, durch Beschränkung des Unternehmens und Versilberung des entbehrlichen Bestandes möglich ist. Dem Grundbesitzer bleibt nur übrig, sich entweder den gesteigerten Zinsforderungen zu unterwerfen und alsdann dem langsamen, aber sichern Verderben entgegenzuschreiten, — oder die Exekution über sich ergehen zu lassen, um wenigstens den noch nicht verschuldeten Rest seines Eigenthums wo möglich zu retten. Es kann und wird dies aber keine isolirte Erscheinung sein, sondern da überall im ganzen Lande dieselben Ursachen gleichmäßig hervortreten, so müssen auch deren Wirkungen eben so allgemein und gleichmäßig sein. Am wenigsten darf man sich dieser Eventualität gegenüber durch die Hoffnung täuschen, daß in den bestehenden Hypothekar-Kredit-Instituten ein wesentlicher Schutz des Grundeigenthums, namentlich des größern, gegen die aus jenen Kündigungen erwachsenden Gefahren gegeben sei. Denn die jenen Kredit-Instituten bleibend zur Verfügung stehenden Summen betragen nur etwa 200 Millionen Thaler und sind bereits größtentheils vinkulirt, während der Werth des Grundeigenthums nach O. Hübner den approximativen Betrag von 4500 Millionen Thalern erreicht. Setzt man also nur eine durchschnittliche Verschuldung des Grundeigenthums bis zur Hälfte seines Werthes voraus (die Stadt Berlin ist nach dem Justiz-Ministerial-Blatt bis zu ²/₃ verschuldet), so würden hiernach über 2000 Millionen Thaler Hypothekar-Forderungen bleiben, welche lediglich von den schwankenden Ansichten, Einflüssen und Bedürfnissen des Privatkredits und des Privatgeldverkehrs abhängen. Die Gefährlichkeit dieses Zustandes im Allgemeinen und ohne Rücksicht auf eine inmitten liegende Aufhebung der Zinsbeschränkungsgesetze bezeichnet O. Hübner (Jahrbuch für Volkswirthschaft u. Statistik, VI. Jahrg. H. 1. S. 40), sehr richtig, indem er sagt: „Die Natur des Privatkredits ist darum gefährlich, weil sie den Grundbesitz in alle Ereignisse verwickelt, welche den Markt der schwebenden Kapitale allein berühren, wie Handelskrisen, Stockungen des Diskonto's u. s. w., Ereignisse, welche die Aengstlichkeit oder die Spekulationslust der Privatleute und die Kündigungen hervorrufen. Diese Unsicherheit des Bodenkredits ist für den Grundbesitzer unerträglich, weil derselbe mit seiner Unbeweglichkeit nicht wie eine Waare an irgend einem Weltmarkte in Geld verwandelt werden kann, sondern seine Verkäuflichkeit von dem Zufalle abhängt, daß die Nachfrage an einem bestimmten Orte mit einem bestimmten Kapitale dem Angebot gegenüber tritt." — „Meliorationen und alle Anstrengungen geben nur in langen Perioden das darauf verwendete Kapital zurück, auch läßt die Ungleichheit der Erndten, gänzlich unabhängig von dem Willen des Menschen, den Grundbesitz nur im Durchschnitt längerer Zeitperioden rentiren." — „Daher ist es ebensowohl ein öffentliches, als ein Privatinteresse, den Hypothekenkredit möglichst den Gefahren zu entziehen, welche häufige Kündigungen und nothwendige Besitzwechsel zur Folge haben."

Hiernach läßt sich die Größe der Erschütterung, welche durch eine jede Veränderung des Zinsfußes und durch die hieraus hervorgehenden Kapitalkündigungen herbeigeführt wird, wenigstens annähernd ermessen. Wenn man ganz absieht von den Kosten, welche selbst im günstigsten Falle ein erfolgreiches Aufsuchen neuer Kapitalien an Stelle der gekündigten veranlaßt, sowie von dem ferneren Umstande, daß jene Kapitalien eine gewisse Zeit hindurch zu Lasten der Schuldner unvermeidlicher Weise unbenutzt liegen und doppelt verzinst werden müssen, so genügen die oben mitgetheilten Zahlen hinsichtlich der bestehenden Hypothekarschulden zur Feststellung der Gewißheit, daß schon eine Erhöhung des Zinsfußes um ½ pCt. dem Grunde und Boden eine neue Last von mehr als 10 Millionen Thalern jährlich auferlegt. Ob und in wieweit derselbe nun überhaupt im Stande ist, eine solche neue Belastung zu übertragen, ist allerdings schwer zu entscheiden und könnte füglich ganz dahin gestellt bleiben, da unter allen Umständen ein schwerer Druck daraus erwachsen wird. Allein es muß hierbei mindestens daran erinnert werden, daß schon vor etwa 10 Jahren der Finanzminister v. Bodelschwingh die Grundsteuer-Ausgleichung nach Maaßgabe der von ihm anerkannten Rechtsprinzipien, d. h. die Erhöhung der Grundsteuer in den östlichen Provinzen um einen Jahres-Betrag von nur 1,300,000 Thlr. aus dem Grunde für unausführbar erklärt hat, weil dadurch ein großer Theil der Grundbesitzer mit Rücksicht auf die bestehende Verschuldung ruinirt werden würde. Um dieser Kalamität vorzubeugen, forderte die damalige Staatsregierung aus Billigkeitsgründen eine Kapitalentschädigung im 13⅓ fachen Betrage der neu aufzuerlegenden Grundsteuer für die bisherigen Steuer-Befreiten und Bevorzugten. Auch die gegenwärtige Regierung hat eben denselben Standpunkt beibehalten zu müssen geglaubt, indem sie im Wesentlichen sowohl jene Anträge, als deren Motive zu den ihrigen machte.

Wenn nun der Grund und Boden in Preußen dennoch im Stande sein soll, die vorbezeichnete, aus der Aufhebung der Zinsbeschränkungsgesetze hervorgehende Krisis ungefährdet zu überstehen, dann wird gewiß die Annahme gerechtfertigt sein, daß der Staat doch wohl eher seine eigene Grundsteuerforderung in's Werk zu setzen habe, bevor er das unbeschränkte Nutzungs- und Ausbeutungsrecht des Kapitales proklamirt. Diese beiden Maßregeln aber gleichzeitig zu rechtfertigen, scheint in der That eine Sache der Unmöglichkeit zu sein.

Unter den Grundbesitzern besteht, wie es scheint, hin und wieder auch wohl die Ansicht, daß es ihnen nach Aufhebung der Zinsbeschränkungsgesetze künftig gelingen werde, auf die noch freibleibende Rate der Gutstaxe eine Nachhypothek, wenngleich zu einem höheren Zinsfuße, zu erlangen und hierdurch in den Stand gesetzt zu werden, sich aufzuhelfen oder gar besonders gewinnreiche Verbesserungen vorzunehmen. Allein dies ist sicherlich die größte Täuschung, der man sich hingeben kann. Wir erinnern nur an das bereits oben in Betreff der Wirkung jeder Zinserhöhung Angeführte, wonach der Preis der Güter sich im umgekehrten Verhältniß mit der Höhe des Zinsfußes bewegt. Denn hiernach ist ein Gut, welches bei einem Zinssatze von 4 pCt. einen Werth von 100,000 Thlr. hat, nur noch 80,000 Thlr. werth, wenn der Zinsfuß sich auf 5 pCt. erhöht. Es wird also nicht blos keine freie Rate der Gutstaxe für den Eigenthümer mehr übrig bleiben, sondern er wird den Rest seines Vermögens stillschweigend eingebüßt haben und manche bisheran für gesichert erachtete Nachhypothek wird überdies gänzlich ausfallen und verloren sein.

Die Perspektive, welche nach dem Gesagten sich für die Grundbesitzer in Folge der Aufhebung der Zinsbeschränkungsgesetze eröffnet, ist also trüb genug, allein das Uebel wird noch in hohem Grade vermehrt durch die Unvermeidlichkeit ewig wiederkehrender großer Schwankungen des Zinsfußes, welche das Grundeigenthum nicht zu ertragen vermag. Die Kapitalanlagen werden ihre bisherige, für die Landkultur so wichtige Stätigkeit in demselben Verhältniß verlieren, in welchem die Möglichkeit unbegränzter Gewinne und die Begierde, sich dieselben anzueignen, bei den Kapitalisten zunimmt. Die neue Freiheit der Bewegung wird das Kapital zunächst nach der industriellen, als der gewinnversprechendern Seite drängen und zum Nachtheil der Landkultur einen mächtigen Kapital-Abfluß herbeiführen, der durch die in Folge von Enttäuschungen früher oder später eintretende rückschlägige Pendelbewegung keineswegs wieder gut gemacht werden kann. Handel und Gewerbe selber werden durch diese wiederkehrenden Fluktuationen den Charakter des Wagnisses zwar immer mehr aufgedrückt erhalten, mithin leiden, allein kraft ihrer Beweglichkeit und Elastizität, sowie ihrer spezifischen Anziehungskraft für das Kapital können sie dieselben unendlich leichter überstehen, als das Grundeigenthum, dessen Besitzer, einmal ruinirt, sich nicht durch ein neues Wagniß wieder in die Höhe bringen können.

Es ist aber auch nicht blos ein privater, sondern es ist zugleich ein großer öffentlicher Schaden, wenn auch nur ein mäßiger Bruchtheil des vorhandenen Kapitals dem Grund und Boden, dem er bereits diente, entfremdet und der Industrie zugewendet wird. „Dasselbe Quantum produktiver Arbeit kann, um nochmals den Meister der Schule, Adam Smith (Bd. II. K. 5. p. 53.) sprechen zu lassen, in der Industrie niemals eine so große Reproduktion gewähren, als in der Landkultur. In ersterer thut die Natur Nichts, der Mensch Alles, die Reproduktion steht aber im Verhältniß zur aufgewandten Kraft. Das auf die Landkultur verwendete Kapital setzt nun aber nicht blos eine größere Menge produktiver Arbeit in Bewegung, als das in Manufakturen verwendete, sondern es fügt auch einen größeren Werth zu dem Jahresertrage des Landes. Von allen Kapitalanlagen ist sie bei weitem die nützlichste für die Gesammtheit.“ Wir fügen unsererseits nur noch hinzu, daß die landwirthschaftliche Kapitalanlage nicht blos nach der Seite der National-Oekonomie, sondern nach allen Richtungen des staatlichen und sittlichen Lebens hin die nützlichste und wünschenswertheste ist. Was der Landwirth schafft und producirt, das kommt schlechthin der Gesammtheit zu Gute; der Kaufmann dagegen kann sehr wohl, wie Locke sagt, „bei einem Handel gewinnen, der das ganze Land ruinirt."

Die Gegner können die überwiegende Bedeutung des Grundinteresses auf dem Gebiete des nationalen Wirthschaftslebens auch ihrerseits nicht bestreiten; sie bemühen sich daher, den Krieg in Feindesland zu tragen, indem sie behaupten, daß, wenn sonst wegen Niemandes, so müßten die Wuchergesetze grade um der ländlichen Grundbesitzer willen aufgehoben werden, weil diese immer am meisten den Wucherern in die Hände gefallen und durch die Zinswuchergesetze und die Erschwerung des Kredits zu Grunde gerichtet worden seien. (cfr. Wirth l. c. S. 305.) Was das Thatsächliche dieser Behauptung anlangt, so wird zur Widerlegung desselben im Allgemeinen nur auf die durchschlagenden Erfahrungen verwiesen werden müssen, welche desfalls in Oesterreich, Frankreich und Norwegen im größten Maaßstabe gemacht worden sind und als abgeschlossene Thatsachen dastehen. In diesen Staaten, deren Gesammtverhältnisse den unsrigen jedenfalls näher stehen, als diejenigen Großbrittaniens, der Niederlande 2c., ist nach Aufhebung der Wuchergesetze notorisch ein unendlich erdrückenderer Wucher grade dem Grundeigenthum gegenüber geübt worden, als dies jemals vorher und nachher der Fall war. Wir werden darum auch in Preußen darauf gefaßt sein müssen, daß die mit so viel Emphase vorgetragenen Fälle der schon jetzt geübten Zinsüberschreitungen einen weit erschwerenderen Charakter annehmen werden, sobald die unbeschränkte Freiheit der Zinsforderung einmal bei uns proklamirt ist.

Durch die gegnerische Ausführung selber wird ja auch eingeräumt, daß thatsächlich nicht genug Kapital verfügbar ist, um alle für das Grundeigenthum wünschenswerthen Anlagen bei einem Zinssatze von nur 5 pCt. zn ermöglichen. Wenn also denjenigen Grundbesitzern, welche nicht in der Lage sind, die besten Sicherheiten darzubieten, dennoch Capital verschafft werden soll, so kann dies einestheils nur durch Erhöhung des Zinsfußes geschehen, was das Grundeigenthum schwerlich ertragen kann, und anderntheils wird hiermit ebenso gewiß denjenigen Grundbesitzern, welche kraft ihrer günstigern Verhältnisse bisheran noch zu 4 oder 5 pCt. Kapital erhielten, dasselbe entweder vertheuert oder ganz entzogen werden.

Es besteht also gegenüber dem vorhandenen relativen Kapitalmangel überall nur eine Abhülfe, nämlich Vermehrung des Nationalvermögens durch vermehrte Produktion und Ersparung, wie dies schon im Jahre 1789 dem Kaiser Joseph II. auf seine Preisfrage von den Oekonomisten selbst geantwortet wurde; — jede künstliche Dislocirung der Kapitalien durch Beseitigung der seit Jahrhunderten bestandenen und mit allen Vermögens- und Produktionsverhältnissen innigst verwachsenen Zinsgesetze führt nothwendig zum direkten Gegentheil, — zur Störung der Produktion, zur Gefährdung des Kapitals, zum gesteigerten Verzehr weniger Glücksritter und zur allgemeinen Verarmung.

Man sagt zwar nicht selten, durch die freieste Konkurrenz des Kapitals werde auch der möglichst niedrige Zinsfuß herbeigeführt, allein es ist in der That nicht abzusehen, in welcher Weise nach Aufhebung der Zinsgesetze eine größere Konkurrenz des Kapitalangebotes und hierdurch eine Erniedrigung des Zinsfußes solle herbeigeführt werden können, während unbestreitbar die Konkurrenz der Nachfrage durch das zahllose Heer der jetzigen Kreditlosen verstärkt wird. Jene Erwartung wird schon im Allgemeinen durch die Hauptausführung der Gegner widerlegt, indem dieselben den Zinsbeschränkungsgesetzen gerade den Vorwurf machen, daß sie einestheils die Kapitalbesitzer verhindern, den ihnen zukommenden höhern, als den gesetzlichen Kapitalgewinn sich anzueignen, — und daß sie es anderntheils den bisherigen Kreditlosen unmöglich machen, durch Erhöhung des Zinsangebots ebenwohl Kapital zu erlangen. Aber auch das von Braun und Wirth, sowie von Berndt angekündigte Erscheinen verborgener und vergrabener Kapitalien kann ja als eine eben, auf Ermäßigung des Zinsfußes hinwirkende Steigerung des Angebotes nicht einmal gelten, da ja jene fiktiven Kapitalien sich schon jetzt nicht mit dem gesetzlich erlaubten Zinse von 5 und 6 pCt. begnügen, denselben vielmehr schlechthin verschmähen, mithin nach Aufhebung der Wuchergesetze doch wohl noch weniger dazu dienen können, den Zinsfuß unter jenen Satz herabzudrücken. Da vielmehr jene spröden Kapitalien durch Aufhebung der Zinsgesetze endlich aus den Truhen und aus dem Schooße der Erde hervorgelockt werden sollen, so ist es klar, daß nicht bloß eine mäßige, sondern eine bedeutende Erhöhung des Zinsfußes in sichere Aussicht genommen ist. Es wird dies durch jene Autoren selbst auch noch klarer ausgesprochen, indem sie nach Aufhebung der Zinsbeschränkungsgesetze mit Sicherheit erwarten (Braun und Wirth S. 87, Berndt S. 58), daß alsdann das Kapital nicht mehr in's Ausland wandre, während dermalen „z. B. aus Deutschland 250 Millionen nach Amerika gewandert sein sollen, um von den dortigen hohen Zinsen Gebrauch zu machen.“ Hiernach wird also wiederholt eine Steigerung des Zinsfußes in Deutschland bis annähernd zur Höhe des amerikanischen, d. h. 10—12 pCt. mindestens, in Aussicht gestellt, indem nur unter dieser Voraussetzung die verheißene Beseitigung obigen Uebelstandes verwirklicht werden kann. Berndt (S. 69) erklärt darum auch die vom Landesökonomiekollegium befürwortete Erhöhung des Zinsfußes auf 6 pCt. für ungenügend. Faßt man aber diese Eventualität in's Auge, so gewinnen die oben nach O. Hübner angeführten Zahlen und Summen allerdings noch einen ganz anderen Charakter, — es handelt sich eben in Preußen um eine Hypothekenschuld von 2000 Millionen Thaler und um die Frage, ob dieselben noch zum deutschen oder dem amerikanischen Zinssatze verzinst werden sollen!

An diese in sicherer Aussicht stehende Erhöhung des Zinssatzes nach Aufhebung der Zinsgesetze schließt sich aber noch eine fernere Konsequenz an, deren Gewicht nicht hoch genug angeschlagen werden kann. Es ist die, daß durch jene Aufhebung auch die ohnehin schon bestehende Uebermacht des Kapitals gegenüber der Arbeit noch enorm gesteigert wird, während doch das Gegentheil auf's entschiedenste erstrebt werden müßte. Wenn, wie nicht zu bezweifeln ist, der Kapitalgewinn nach Aufhebung der Zinsgesetze steigt, dann ist es evident, daß der Preis der Arbeit sinken muß, indem ja der Werth des durch das Kapital und die Arbeit dargestellten Produktes derselbe bleibt.

Es ergiebt sich hieraus, daß durch Freigebung des Zinsfußes und die daraus hervorgehende Erhöhung des Kapitalgewinnes sowohl das Interesse des Grundeigenthums, als das der Arbeit unmittelbar verletzt und nur das der Kapitalbesitzer gefördert wird. Die ächte Volkswirthschaftslehre muß aber das grade Gegentheil hiervon erstreben und hat es auch bisheran in der That als einen, durch niedrigen Zinsfuß herbeigeführten Vortheil bezeichnet, daß die Kapitalisten dadurch stärker angetrieben würden, selbst in die Klasse der Unternehmer überzugehen, anstatt müßige Verzehrer ihrer Rente zu sein. Die Niedrigkeit des Kapitalzinses überhaupt ist bisheran stets als das Ideal bezeichnet worden, welches die Volkswirthschaft überall in allmäligem Fortschreiten zu verwirklichen habe. Braun und Wirth (S. 75 ff.) bezeichnen sogar den niedrigen Zinsstand als den besten Maaßstab für die Güte des ganzen Regierungssystems eines Landes. Man fragt darum mit vollem Rechte, ob denn etwa die ökonomische Entwicklung Preußens oder ob sein Regierungssystem wirklich im Rückschritte begriffen ist, — ob darum der bisherige landesübliche Zinsfuß von 5 und 6 pCt. den wirklichen Bedürfnissen des Landes, und nicht blos den Interessen der Kapitalbesitzer u. s. w. nicht mehr genüge? Und wenn diese Frage wirklich bejaht werden könnte, was wir bestreiten, dann möge man sich wenigstens auch über die Folgen des proponirten Heilmittels nicht täuschen; — die Erhöhung des Zinsfußes wird eben die Folge haben, daß die Konkurrenz mit dem Auslande auf die Dauer nicht behauptet werden kann.

Hiernach ist wohl die Behauptung gerechtfertigt, daß durch einfache Aufhebung der Zinswuchergesetze alle anderen Interessen der Gesammtheit dem des Industrialismus geopfert werden. Schon bisheran hat der außerordentliche, vielleicht unnatürliche Aufschwung, welchen Handel und Gewerbe seit Durchführung des Eisenbahnwesens genommen, einen fühlbaren Druck auf die Landkultur geübt, indem derselbe fort und fort einen zunehmenden Abfluß des Kapitals in die industriellen Kanäle veranlaßte. Der Kapitalbetrag, welcher in Deutschland bereits von den industriellen Associationen absorbirt worden ist, wird bekanntlich zu 500 Millionen Thalern angegeben und derselbe ist noch immer im Wachsen begriffen.

Man würde sich aber auch sehr täuschen, wollte man annehmen, daß dies rastlose Fortschreiten des Industriewesens lediglich das Resultat der eigenen Kraftfülle sei und ganz naturgemäß sich ergeben habe. Der Grund jener Erscheinung liegt wohl theilweise darin, daß das in Bank- und Industrie-Unternehmungen angelegte Geld allerdings in der Regel eine höhere Rente abwirft, als in der Landkultur, aber er liegt nicht minder darin, daß dem Industriewesen auch die wirksamste Unterstützung des Staates zugewendet worden ist, indem es autorisirt ward, durch Aktien und Banknoten das Kapital an sich zu ziehen und selbst theilweise zu ersetzen. Manche große Industrie-Unternehmung verdankt die Möglichkeit ihrer Ausführung lediglich der ihnen gewährten Zinsgarantie des Staates. Die Preußische Bank, sowie die in den Provinzen errichteten Privatbanken sind ebenwohl nur auf die Interessen des Handels und der Industrie berechnet und kommen dem Grundbesitzer nicht zu Gute, sondern tragen vielmehr noch indirekt dazu bei, die Kapital-Entblößung des Letztern zu steigern. Die Seitens der Regierung dermalen beabsichtigte Aufhebung der Zinsbeschränkungsgesetze würde überdies ein neues und großes Geschenk an jene Institute, welche Werthpapiere auszugeben berechtigt sind, darstellen, indem dieselben künftighin für jene Werthpapiere unbeschränkte Zinsen fordern dürften.

Diesen überall geförderten industriellen Interessen gegenüber hält sich daher schon jetzt die Landkultur nicht ohne Grund für beeinträchtigt und gefährdet und fordert dringend, auch ihr zu Hülfe zu kommen. Die Staatsregierung selber hat auch verschiedentlich die Nothwendigkeit erkannt, durch Verbesserung und Vereinfachung des Hypothekenwesens und durch Erweiterung des Realkredits dem Grund und Boden die Möglichkeit zu gewähren, das Versäumte nachzuholen und den Weg des gesicherten Fortschrittes durch mancherlei nothwendige, aber kostspielige Verbesserungen zu betreten. In der Wirklichkeit ist aber auf diesem hochwichtigen Gebiete der Gesetzgebung bisheran nichts geschehen. Es tritt hierbei die eigenthümliche Erscheinung hervor, daß der Realkredit in dem bei weitem größten Theile der Monarchie durch ein übertriebenes System staatlicher Bevormundung, dagegen in der Rheinprovinz durch das direkte Gegentheil gehemmt und gelähmt wird. Innerhalb des Gebietes des Allgemeinen Landrechts kann nemlich eine wirksame Eintragung in die Hypothekenbücher nur unter der Bedingung erlangt werden, daß die Hypothekenbehörden das Rechtsgeschäft, dessen Eintragung verlangt wird, ihrerseits für erlaubt und rechtsgültig erachtet und bei der Verabredung unter den Kontrahenten, sowie bei der Abfassung des Aktes selbst Nichts zu erinnern findet. Hierdurch wird die freie Bewegung der Partheien in störender Weise gelähmt, indem von Amtswegen alle denkbaren Eventualitäten hervorgezogen werden, um jeder etwa drohenden Möglichkeit eines Regreßanspruches gegen die Hypothekenbehörde selber vor Allem vorzubeugen. Die hiermit verbundenen Schwierigkeiten, Kosten und Weiterungen erklären zur Genüge die

Thatsache, daß in unzähligen Fällen auf die amtliche Besitztitelregulirung ganz verzichtet wird, und daß so die wichtigsten Rechte in der Luft schweben, der Realkredit also sein Fundament vielfach ganz verloren hat.

Bewährte Kenner fordern darum längst mit Recht die Vereinfachung des Hypothekenwesens durch Aufgeben des sogenannten Legalitätssystems und Rückkehr zu dem einfachen, durch die Natur des Rechtsverhältnisses selber an die Hand gegebenen Prinzipe der Publizität und der Spezialität. Sobald den Partheien nur die Befugniß gegeben ist, dasjenige, was sie eingetragen wissen wollen, ihrerseits zu formuliren, und die Hypothekenbehörde nur für die Uebereinstimmung ihrer Bücher und Bescheinigungen mit jenen Erklärungen der Partheien einzustehen hat, ist das Interesse Aller ausreichend gewahrt, jedenfalls die wirkliche Aufgabe des Gesetzes erfüllt. (F. Bornemann, Justiz-Ministerialblatt 1848, S. 32 ff.; Koch, amtlicher Entwurf einer Hypothekenordnung, 1848.) Seitens des landwirthschaftlichen Ministeriums ist auch wiederholt die Nothwendigkeit anerkannt worden, die Konstituirung von Hypotheken durch Verminderung der Förmlichkeiten und der Kosten zu erleichtern, allein die Beseitigung der bestehenden Schädlichkeiten ist noch nicht in Angriff genommen worden.

Wenn hiernach das Hypothekenwesen im Gebiete des Allgemeinen Landrechts schon Vieles zu wünschen übrig läßt, so befindet sich dasselbe in einer noch unendlich schlimmern Lage im Gebiete des Rheinischen Rechts, indem dort das Grundeigenthum selber jeder gesetzlich gesicherten Begründung schlechthin entbehrt. „Nach Artikel 1583 des Rheinischen Civilgesetzbuches geht nämlich das Eigenthum von Rechtswegen auf den neuen Erwerber über, sobald man über die Sache und den Preis einig geworden, wenn auch die Sache noch nicht überliefert und der Preis noch nicht gezahlt worden ist; einer Ueberschreibung des Erwerbtitels in die öffentlichen Bücher oder auch nur einer äußerlich erkennbaren Besitzübertragung bedarf es zu diesem Ende nicht. Es ergiebt sich aus diesem einen Rechtssatze, daß innerhalb jenes Systemes die physische oder rechtliche Möglichkeit nicht gegeben ist, den jedesmaligen Eigenthümer eines Grundstückes mit Sicherheit zu erkennen. Wer vorgestern noch Eigenthümer desselben war, kann gestern aufgehört haben, es zu sein, indem er das Grundstück vor einem, zur Geheimhaltung gesetzlich verpflichteten Notar oder durch einen einregistrirten Privatakt in Person oder durch einen Bevollmächtigten verkauft hat. Wer also heute als Käufer mit demselben kontrahirt oder ihm ein hypothekarisches Darlehn giebt, weil er den an irgend einem Winkel der Erde, etwa durch einen Bevollmächtigten, abgeschlossenen geheimen Veräußerungsakt nicht gekannt hat und nicht kennen konnte, der hat weder Eigenthum, noch eine rechtmäßige Hypothek erworben, obgleich eine äußerlich erkennbare Veränderung in den Besitz- und Rechtsverhältnissen des bisherigen Eigenthümers in keiner Weise vorgegangen ist. Der neue Erwerber kann hiernach ebenwohl zu seiner eigenen Legitimation und zur Erlangung eines Realkredits zwar seinen Erwerbtitel vorlegen, allein es giebt auch für ihn kein gesetzliches Mittel, den Nachweis über das Eigenthumsrecht seines Autors und über die Rechtsbeständigkeit des von demselben ausgegangenen neuen Erwerbtitels zu führen, indem nicht allein dieser selbst, sondern auch jeder frühere Vorbesitzer desselben das Grundstück bereits durch einen, noch unbekannt gebliebenen ältern Titel an einen Dritten übertragen haben kann und die desfallsige Vindikationsklage nur den allgemeinen Verjährungsregeln unterliegt. Diese Vindikationsklage dauert mithin im Allgemeinen 30 Jahre; allein der Lauf jener Verjährung wird im Falle der Minderjährigkeit des zur Klage Berechtigten für die ganze Dauer derselben aufgehalten, so daß die Klage möglicherweise auf weit ältere Rechtsverhältnisse gestützt werden kann. Wird demnächst die Vindikationsklage wirklich angestellt und mit Erfolg durchgeführt, so zerfallen hiermit alle zwischenzeitlich bewirkten Verpfändungen und Veräußerungen als ungültig und wirkungslos.

Hat endlich einer der Vorbesitzer des Grundstücks den Kaufpreis noch ganz oder zu einem noch so kleinen Restbetrage zu fordern, so steht demselben ebenwohl während der nämlichen Reihe von Jahren die Klage auf Auflösung des Verkaufes zu, womit wiederum alle zwischenzeitlich geschehenen gerichtlichen oder außergerichtlichen Veräußerungen und Verhypothezirungen als wirkungslos zerfallen. Es ergiebt sich hieraus, daß jenes System der Eigenthumsübertragung durch den bloßen Willensakt der Kontrahenten und ohne Hinzutreten irgend eines, der Oeffentlichkeit angehörenden Momentes, mit der rechtlichen Sicherheit des Grundeigenthums und des darauf zu basirenden Realkredites ganz unverträglich ist, — ja es leuchtet ein, daß es hiernach keinen Eigenthümer im Lande giebt der gegen Eviktion seines Grundes und Bodens rechtlich gesichert ist, — keinen Hypothekargläubiger, der die Gewißheit hat, sein Kapital nicht zu verlieren. Die einzige Garantie, welche das Gesetz jenen Gefahren gegenüber durch die Bestimmungen hinsichtlich des Stellionates dem bürgerlichen Verkehre gegeben, ist durchaus illusorisch, weil die hierdurch zugelassene Exekution vermittelst Körperhaft bei einem zahlungsunfähigen Schuldner keinen Erfolg haben kann, und dem Gläubiger jedenfalls die Zahlung der Verpflegungskosten obliegt." *)

Es kommt noch hinzu, daß auch das Prinzip der Publizität und der Spezialität der Hypotheken in umfassendster Weise durch die Bestimmungen der Art. 2121 u. f., wonach unabhängig von jeder Eintragung eine gesetzliche Hypothek zum Vortheile der Minderjährigen und Interdizirten am Vermögen ihrer Vormünder, sowie der Ehefrauen an dem der Ehemänner besteht, geopfert worden ist, sowie daß endlich jedes verurtheilende Erkenntniß durch einfache Eintragung in das Hypothekenbuch gleichfalls eine Generalhypothek begründet. Es bedarf keiner Ausführung, daß dies Rechtssystem, welches übrigens auch in Frankreich, Holland, Belgien, Sardinien, Neapel u. s. w. längst einer mehr oder minder eingreifenden Revision unterzogen worden ist und unverändert nur noch in der preußischen Rheinprovinz besteht, vor Allem erst der mehrfach verheißenen Reform unterzogen werden muß, wenn überhaupt von der bloßen Möglichkeit eines Realkredits in der Rheinprovinz die Rede sein soll. Diese Gesetzesreform ist also zwar ein absolutes, von jeder andern Frage unabhängiges Bedürfniß; so lange dieselbe aber nicht in's Leben gerufen ist, darf mindestens nicht erwartet werden, daß der Grund und Boden die ihm einwohnende Widerstandskraft gegen schädliche Einflüsse, insbesondere gegen die aus der Aufhebung der Zinsbeschränkungsgesetze ihm erwachsenden Gefahren, bewähren könne.

Allein wenn selbst die Gesetzgebung alles in ihrer Macht stehende bereits gethan hätte, um die Trieb- und Lebenskraft der Landkultur zu wecken und ihr die äußere Möglichkeit freier Bewegung wiederzugeben, so würde es immerhin noch einer weitern Reihe eingreifender Maßregeln bedürfen, bevor ohne Gefährdung der Landkultur

---

*) Cfr. Entwurf eines Hypothekengesetzes für den Bezirk des Rhein. Appellations-Gerichtshofes. Von Pet. Fr. Reichensperger. (Cöln 1851.) Seite 40.

das Wagniß unternommen werden darf, die Zinsbeschränkungsgesetze völlig aufzuheben. Das Landes-Oekonomie-Collegium hat in seinem desfallsigen Gutachten mit Recht darauf hingewiesen, daß unsere Kreditverhältnisse unter der Herrschaft der Wuchergesetze gebildet sind, und daß die Bevölkerung gewöhnt ist, die Begrenzung des Zinsfußes als Schutzwehr gegen die Uebermacht des Kapitals zu betrachten. Jenes Gutachten bemerkt weiter, daß es im Interesse der Landwirthschaft, selbst in Zeiten eines normalen Geldverkehrs zweifelhaft sei, ob eine plötzliche Abschaffung der Wuchergesetze für rathsam zu erachten, bei der jetzigen Aufregung in allen vom Geldverkehr abhängigen Unternehmungen tauchten aber schon die übelsten Befürchtungen für den Grundbesitz auf, weil durch gänzliche Wegräumung jeder gesetzlichen Grenze auch die ruhigsten und vorsichtigsten Kapitalisten aufgemuntert würden, die Conjunkturen zu benutzen, selbst bei guter Hypothek unerschwingliche Zinsen von dem Landwirth zu fordern. Diese allgemein aufgeregten Wogen des Geldverkehrs würden sich nur sehr langsam wieder beruhigen, und dem Grundbesitzer bliebe inzwischen keine Wahl, er müsse die unerschwinglichen Zinsen bewilligen. Mit der kleinsten Ungunst in seiner Wirthschaft, dem wahrscheinlichen Sinken der hochgesteigerten Preise seiner Erzeugnisse werde ihm die richtige Zinszahlung unmöglich, und er werde dem Geschicke erliegen, dem er durch Bewilligung eines übertriebenen Zinsfußes habe entgehen wollen. Zwar dürfe die Rücksicht auf das Geschick einiger Wenigen von einer sonst gerechtfertigten Maßregel nicht zurückhalten, allein es sei gewiß, daß die meisten größeren Landgüter, und in vielen Gegenden auch die Bauergüter, schwer mit Hypotheken und andern Schulden belastet seien.

Die Richtigkeit dieser Betrachtungen ist handgreiflich, und sie wird selbst von den entschiedensten Gegnern der Zinswuchergesetze nicht verkannt. Berndt (l. c. S. 69) sagt: „Es ist durchaus nothwendig, der eventuellen Aufhebung der zinsbeschränkenden Gesetze Maßregeln vorangehen zu lassen, welche im Stande sind, dem Ackerbau denselben Schutz, wie dem Handel und den Gewerben, zu gewähren, um ihn die etwaigen gefährlichen Eventualitäten sicher überstehen zu lassen. Solche Maßregeln würden die Errichtung neuer, oder mindestens die Ausdehnung und größere Geschmeidigkeit der vorhandenen Kreditinstitute sein.“ In einer neuern Schrift (Der Kredit für den ländlichen Grundbesitz. 1858. S. 53) sagt derselbe Verfasser: „Mit einer definitiven Aufhebung der Wuchergesetze darf die Königl. Staatsregierung allgemein erfolgreich nicht eher vorgehen, als bis der Grundbesitz mit seinen Privat-Hypothekenschulden arrangirt ist und der Landwirthschaft diejenigen Beneficien zugewendet worden sind, deren sich Handel und Industrie in so ausgedehntem Maße zu erfreuen haben." — Auch Braun und Wirth erachten es für unerläßlich, daß die Aufhebung der Zinswuchergesetze mit einer Reihe von Maßregeln Hand in Hand gehe, wodurch der Realkredit sichergestellt wird.

Bei der im Jahre 1858 stattgehabten Berathung der Verordnung über die provisorische Suspension der Wuchergesetze ist auch in der preußischen Landesvertretung durchweg die vorherige Verbesserung des Realkreditwesens als eine unerläßliche Nothwendigkeit bezeichnet worden, bevor die definitive Aufhebung derselben zulässig erscheine. Einer der bedeutendsten Industriellen der Rheinprovinz, der Abgeordnete H. Diergardt, sprach namentlich die Ueberzeugung aus, daß es „vor Aufhebung der Zinsbeschränkungen nöthig sei, durch Errichtung von Kredit-Instituten dem Privatkapital eine Konkurrenz zu bilden, um auf diese Weise auf einen mäßigen Zinsfuß hinwirken zu können." Sowohl der Justizminister H. Simons, als der Abgeordnete H. Wentzel haben es bei derselben Veranlassung als den richtigen Weg bezeichnet, nach dem Vorgange Englands nur successive voranzuschreiten. Nicht minder hat in der gesetzgebenden Versammlung Frankreichs im Jahre 1850 der Abgeordnete Cassal zwar die Wuchergesetze auf's Lebhafteste bekämpft, jedoch auch seinerseits vor Allem wohlgeordnete Kreditanstalten gefordert, bevor zur Aufhebung jener Gesetze seiner Ueberzeugung nach geschritten werden dürfe.

Solche Kredit-Institute setzen nun vor Allem erst eine Reform der oben erörterten, mangelhaften, beziehungsweise absolut schlechten Hypotheken-Gesetzgebung voraus; allein auch nach Verwirklichung dieses ersten Erfordernisses bedarf es immerhin noch der thätigsten und wirksamsten Mithülfe des Staates, um die nöthigen Kredit-Institute in's Leben zu rufen. M. Wirth (l. c. S. 310) sagt in dieser Beziehung sehr richtig: „Die Gründung von Hypothekenbanken durch reine Privatspekulation ist sehr schwer und in vielen Fällen ganz unmöglich, weil das Kapital in andern Kreditanstalten, im Handel oder in öffentlichen Effekten mehr Gewinn abwirft. Die

Mitwirkung des Staates ist daher beim Hypothekenkredit mehr als sonst geboten und wir müssen uns für die Errichtung dieser Anstalten durch den Staat erklären, wo solche nicht durch die Privatspekulation geschieht." Dies ist der eigentliche Schlußsatz, zu welchem M. Wirth in der vorliegenden Frage gelangt; er modifizirt wesentlich die allgemeinen national-ökonomischen Doktrinen desselben, auf welche die Gegner der Zinsbeschränkungsgesetze für gut finden, sich ausschließlich zu beziehen.

Rau (l. c. §. 323.) geht noch einen Schritt weiter. Er erachtet außer den zu begründenden Real-Kreditinstituten noch manche andere Vorsichtsmaßregeln für erforderlich, „welche die mit Herstellung größerer Freiheit verknüpften ungünstigen Folgen zu mildern vermögen." Er fordert namentlich, daß erst „besserer Schulunterricht die Bürger besonnener, mäßiger und wirthschaftlicher mache und sie vor den Kunstgriffen gewissenloser Wucherer mehr und mehr bewahre, weil ohne solche Mitwirkung alle andern Anstalten nur einen unvollständigen Erfolg haben können." Rau sieht endlich auch die Möglichkeit voraus, daß ungeachtet des Vorhandenseins von Kreditanstalten und aller andern für nothwendig erklärten Vorsichtsmaßregeln dennoch häufiger Wucher vorkommen werde und räth alsdann, „den Versuch zu machen, ob es nicht weniger Unbequemlichkeit hätte, zwar ein gesetzliches Maximum der Zinsen aufzustellen, dasselbe aber so hoch zu bestimmen, daß es hinreichend wäre, auch bei Darleihen, ohne Pfandsicherheit dem Gläubiger seine Wagniß und Mühe zu vergüten, weshalb auch die erlaubte Zahl von Prozenten bei kurzer Zeit und kleinern Summen etwas größer werden müßte. Auf diese Weise würden nur die ganz unverhältnißmäßigen (sic) Zinsforderungen verhütet."

Aus dieser Ueberschau dürfte sich wohl die zweifache Ueberzeugung ergeben, daß nach dem Stande der heutigen Wissenschaft die unbedingte Aufhebung der Zinsbeschränkungsgesetze keineswegs, wie einige Gegner derselben und theilweise die Regierungs-Denkschrift selber voraussetzen, als ein anerkanntes kategorisches Postulat der Volkswirthschaftslehre definitiv dastehe, daß vielmehr ein successives Fortschreiten, wie in England, in Verbindung mit mancherlei andern Vorsichtsmaßregeln selbst von den prinzipiellen Gegnern des bestehenden Rechtszustandes für durchaus nothwendig erklärt wird.

Wenn die vorstehenden Betrachtungen, wie wir glauben, zutreffend sind, dann könnte es vielleicht überflüssig erscheinen, auf die von den Gegnern so sehr betonte Behauptung, daß das Geld schlechthin eine Waare, wie jede andere sei, noch besonders einzugehen. Denn jene Betrachtungen würden immerhin die exzeptionelle Behandlung dieser s. g. Waare in eben so einfacher Weise rechtfertigen, wie dies hinsichtlich der unzähligen gesetzlichen Beschränkungen der Fall ist, welche die Benutzung und Verwendung der menschlichen Arbeitsthätigkeit, ja des Eigenthums selber überall normiren. Es kann und darf eben im Staatsleben kein schrankenloses Recht geben, weil diesem gegenüber die Rechtlosigkeit stehen würde; ja selbst Diejenigen, welche meinen, mit der Phrase: „Geld ist Waare" Alles gesagt zu haben, was zur Abschaffung aller Zinsbeschränkungsgesetze nur irgend erforderlich sein könne, räumen ein, daß ungeachtet der vollsten Gewerbefreiheit diese Waare nur vom Staate, der doch sonst nicht Waaren produciren soll und darf, angefertigt werden muß, — unter Strafe des Münzverbrechens! Allein eine nähere Betrachtung des Wesens des Geldes mag dennoch hier Platz greifen, weil sie vollkommen geeignet ist, die durch das Gesetz in der möglich größten Allgemeinheit nach Zeit und Raum festgestellten Zinsbeschränkungen noch bestimmter zu rechtfertigen.

Es ist richtig und unbestreitbar, daß das Geld möglicherweise als Waare behandelt werden kann und ausnahmsweise im Bankgeschäfte, sowie überhaupt bei eingerissener Agiotage, auch behandelt wird. Eben so gewiß ist es aber, daß das Geld seinem Wesen nach im Allgemeinen nicht eigentliche Waare, sondern vielmehr der Gegensatz davon ist. In der Sprache und der Gesetzgebung aller Völker unterscheidet sich der Tausch- vom Kaufvertrage eben nur dadurch, daß beim erstern Waare gegen Waare, beim letztern gegen Geld hingegeben wird. Das Geld, als solches, ist eben formell ein Werkzeug zur Werthbestimmung der verschiedenen Vermögensbestandtheile, wie die Elle, das Pfundgewicht, der Scheffel. Diese blos formelle Eigenschaft würde allerdings nicht genügen, das Geld zum wunderbarsten, arbeit-ersparendsten Werkzeuge zu erheben, welches der Menschengeist erdacht hat. Unser Geld hat vielmehr auch einen materiellen Werth und darum mißt es nicht blos den Werth aller Güter, sondern stellt diesen Werth zugleich dar, es trägt und enthält ihn. Allein dieser Werth ist nicht sein Wesen, sondern nur eine der konkurrirenden Bedingungen seiner weltumfassenden Bedeutung, nur eine Eigenschaft, welche seine Cirkulation im Weltverkehr auf eine feste Basis gründet. Bei der innerhalb der Landesgrenze kursirenden Scheidemünze erreicht dagegen der Metallwerth bei weitem nicht die Höhe ihres Preises. Das Geld ist also, wie v. Savigny es richtig bezeichnet, sowohl der Messer, als der Träger der Vermögensmacht im Lande. Der Geldanleiher, der Kapitalsucher will nicht das Geld, als solches, sondern die Waaren und Werthobjekte oder Arbeitskräfte, die ihm fehlen, und nur weil er mittelst des Geldes am einfachsten und sichersten zum Ziele kommt, sucht er Geld beim Kapitalisten. Der Letztere ist also nicht darum, weil er Werthe oder Waaren, sondern nur weil er Geld besitzt, in der Lage, einem jeden Kapitalsucher zu genügen, ihm mittelbar zu verschaffen, was er immer bedarf, — er ist inmitten aller andern Besitzenden der eigentliche Monopolist des cirkulirenden Kapitals. Diesen ganz eigenthümlichen, privilegirten Charakter verdankt das Geld der Thätigkeit und der Gesammtbürgschaft des Staates, und gerade darum ist der Staat noch in ganz anderer, direkter Weise berechtigt, die Benutzung des Geldes zu normiren, als er dies aus allgemeinen Gründen hinsichtlich der Normirung der Vermögensrechte und der Arbeits-Benutzung in Handel, Gewerbe und sonstigen Thätigkeiten ohnehin ist. Das Geld, welches Ad. Smith einmal als das große Schwungrad bezeichnet hat, welches jedem Gliede der Verkehrsgesellschaft den ihm gebührenden Antheil von Existenz- und Genußmitteln zuführt, ist etwas anderes und mehreres, als eine Waare, — ja es ist unendlich mehr, als jede Eisenbahn und jeder Telegraph, und dennoch finden selbst Oekonomisten, jedenfalls aber unsere Staatsmänner es gerechtfertigt und geboten, daß der Gebrauch und die Benutzung jener mächtigen Träger einzelner Verkehrsinteressen nicht monopolistisch ausgebeutet, sondern entweder der Gesammtheit als solcher vorbehalten oder gesetzlich im Interesse der Gesammtheit reglementirt werden.

Das und nichts anderes geschieht durch die Zinsbeschränkungsgesetze hinsichtlich der Benutzung des Kapitales und es ist eine positive Inkonsequenz, für das Geldkapital als solches von Rechtswegen schrankenlose Zinsenfreiheit zu fordern, dagegen demselben zu untersagen, Telegraphen zu errichten und auch mittelst dieses Werkzeugs die Uebermacht der Großreichen noch zu steigern. Nur darum, weil der innere Werth des Geldes nicht sein Wesen, sondern nur eine seiner Eigenschaften ist, die durch seinen Charakter als Werthmesser absorbirt werden, ist es auch wahr und erklärlich, was Braun und Wirth S. 19. sagen: „daß große Staaten durch Vermehrung oder Verminderung ihres Geldvorraths nicht reicher oder ärmer werden." Hiermit endlich erklärt sich auch der gemeinrechtliche Rechtssatz, daß im Falle von Münzveränderungen bei der Rückzahlung von Darlehnen „nicht der innere, sondern nur der äußere Werth der Münzen entscheidet", indem „die Münzen nur zu dem Preise in Betracht kommen, der ihnen von der Staatsgewalt beigelegt ist und dieser den äußeren Werth bildet." (Pfeifer, prakt. Ausführ. I. §. 8. Nr. 2.; Weiske, Rechtslexikon, Darlehn.)

Die oben bezeichnete Uebermacht, welche das Geld dem Kapitalisten gewährt, ist ein weiterer unmittelbarer Rechtfertigungsgrund der bestehenden Zinsbeschränkungsgesetze. Es ist nicht wahr, daß in der Regel oder gar immer der Kapitalsuchende dem Kapitalbesitzer als ein in freier Selbstbestimmung Paciszirender gegenübersteht. In der Regel müssen die Kapitalsucher sofort oder in kurzer Frist Geld herbeischaffen, wenn sie nicht schwere Verluste erleiden sollen; die ihnen gegenüberstehenden, ohnehin minder zahlreichen Kapitalisten laufen keineswegs jene indirekte Gefahr, sondern können höchstens einen gewissen Ausfall am Zinse erleiden. In der Regel ist es daher der Kapitalist, nicht der Darlehnsbedürftige, welcher den Preis des Darlehns bestimmt, wenn das Gesetz diese Bestimmung gänzlich unterläßt. Der einzelne Kapitalist ist bei jener Preisbestimmung selbstredend nicht souverän, sondern durch das Verhältniß von Angebot und Nachfrage, durch die größere oder kleinere Ergiebigkeit der möglichen Kapitalanlagen wesentlich influenzirt; allein eben so gewiß ist es, daß gerade die ihm zur Seite stehende Uebermacht der Situation ebenfalls ein wichtiger Faktor ist, der dem Kapitalisten durch die Form des Geldes, als einer Schöpfung des Staates, zur Seite steht und gerade darum den Schutz der Gesetzgebung zum Vortheil des minder günstig gestellten Geldsuchenden rechtfertigt.

Hinsichtlich aller derjenigen Kapitalsucher endlich, welche überhaupt keine reproduktive Kapitalanlage beabsichtigen, sondern genöthigt sind, aus irgend einem vorübergehenden Grunde ungewöhnliche Ausgaben zu bestreiten, ist diese Ungleichheit der Stellung der beiden Paciscenten am handgreiflichsten. Dies Verhältniß war in früheren Jahrhunderten das bei weitem vorherrschende und war zugleich die unmittelbare Veranlassung des unbedingten Zinsverbotes früherer Gesetzgebungen. Aber auch in der Gegenwart kommen dieselben in unzähligen Fällen vor. Rau (Grundſ. der Volkswirthschaftslehre I. §. 237) sagt in Beziehung auf diese Kategorie des Darlehnsverkehrs, daß „bei schwachem Angebot von Kapitalen in Darlehnen jener Art der Zins eine Höhe erreichen könne, zu der ihn die Einträglichkeit der Unternehmungen nie zu bringen vermöchte." „Die Erfahrung zeigt, daß die Reichen ihr Uebergewicht über die Bedrängten so weit benutzen können, um diesen auch bei guter Sicherheit Zinsen von einer fast unerschwinglichen Höhe abzuzufordern." Roscher (System der V. W. I. S. 194) erklärt die geschichtliche Thatsache, daß „die völlige Aufhebung der Wuchergesetze sich nicht unter allen Umständen bewährt habe," gerade durch Hinverweisung auf die vorbezeichneten Verhältnisse. „In der untersten Schichte gleichsam des Leihverkehrs dauern die mittelalterlichen Verhältnisse noch lange fort, nachdem sie in den übrigen Schichten verschwunden sind. Also die Anleihen fast niemals zu produktiven Zwecken, ja gewöhnlich in bitterster Noth gemacht; die Schuldner aus Mangel an Bildung, zumal Rechnungsunkenntniß völlig außer Stande, die wahre Größe der übernommenen Last zu schätzen." „Die wahre Konkurrenz, welche den natürlichen Preis am besten treffen würde, fehlt hier um so mehr, je häufiger die Schuldner der Geheimhaltung bedürfen." Diese einfachen, der Wirklichkeit entnommenen Sätze charakterisiren das wahrhafte Sachverhältniß so zutreffend, daß die nackte, doktrinelle Formel des Gehen- und Geschehenlassens ihr gegenüber in ihr Nichts zerfällt.

Oder ist es wohl denkbar, daß eine gerechte Gesetzgebung ohne vorherige umfassende Organisirung von Leih- und Kreditsystemen diese, weder durch ihre Bildung, noch auch durch eine wirkliche Konkurrenz geschützten Kapitalbedürftigen der Habsucht der Kapitalbesitzer künftighin schutzlos gegenüberstellen und die von den Erstern versprochenen 10, 20 und mehr Prozente gerichtlich zuerkennen, exequiren lassen könne, — von Rechtswegen?! Die Regierungs-Denkschrift (p. 9.) bejaht einfach und kalt diese inhaltschwere Frage, indem sie erklärt, „jeder großjährige dispositionsfähige Mensch habe den Abschluß nachtheiliger Geschäfte — statt ihn vom Staate zu verlangen — durch eigene Vorsicht sich selbst zu gewähren."

Es darf wohl bezweifelt werden, daß diese Anschauung von der Aufgabe des Staates und der Möglichkeit der Selbsthilfe allgemeine Zustimmung finde. Denn die mißbräuchliche Ausbeutung obiger Nothstände ist bei Weitem nicht bloß ein privates, sondern möglicherweise ein, weite Kreise umfassendes öffentliches Unglück; sie hat ja zur Zeit der römischen Republik zu schweren politischen Erschütterungen und vorübergehend schon zum gänzlichen Verbot alles Zinsnehmens überhaupt durch die lex Genucia geführt, — im 19. Jahrhundert aber ist es schon längst nicht mehr die Stimme eines einzelnen Mannes, Proudhon's, sondern die Stimme eines an Zahl und Gefährlichkeit wachsenden Bruchtheils der Europäischen Bevölkerung, welche eben dasselbe fordert und durch die kommunistische „Volksbank“ unentgeldliches Kapital verspricht, letztere aber durch die progressive Erbschaftssteuer zu alimentiren gedenkt. Derartige Wünsche und Forderungen sind sicherlich halt- und bodenlos, aber darum immerhin nicht zu mißachten, weil sie sich nicht selten als die Vorboten ernster Verwirklichungsversuche erweisen; wenn große Orkane sich vorbereiten, dann zeigen sich warnend die St. Elmsfeuer auf den Masten.

Ganz abgesehen von allen Gründen des Rechts und der öffentlichen Moral scheint es in der That durch die einfachste Rücksicht der politischen Klugheit geboten zu sein, die auf dem Gebiete der Kapitalfrage ohnehin bestehenden Gegensätze nicht durch Entfesselung aller schlechten Leidenschaften zu einer tiefen sozialen Kluft zu erweitern. Tensus rumpitur arcus. Die Selbsthilfe, auf welche die untern Schichten der Bevölkerung verwiesen werden, kann ihnen aus ihrer Intelligenz nicht erwachsen, weil das erforderliche Maaß derselben ihnen fehlt und ungeachtet alles Schulzwanges fehlen wird; die bei ihnen einzig mögliche Selbsthilfe heißt Verbrechen und Verderben. Es würde ihnen also nur erübrigen, was die Geschichte des alten Roms, wie des modernen Oesterreichs, Frankreichs und Norwegens bereits als die Folge der Wucherfreiheit nachgewiesen hat, — Unterdrückung, Verarmung und Verzweiflung, mit allen hieran sich anschließenden Eventualitäten, insofern die Gesetzgebung für gut finden könnte, ihre schützende Hand von den Schutzbedürftigsten abzuziehen.

Bei der letzten Berathung der Zinswuchergesetze in Frankreich (1850) hat ein der demokratischen Parthei angehörender Redner gesagt, der Geldsucher sei dem Kapitalisten gegenüber so wenig frei, als der Fieberkranke gegenüber dem Arzte und Apotheker, — darum statuire das Gesetz hinsichtlich des Preises der Thätigkeit jener Personen Maximalsätze; warum nicht auch gegenüber dem Kapitalbesitzer? Er fragte weiter, ob etwa auch dann noch Freiheit der Willensentschließung und des Paciszirens bestehe, wenn der am Ufer Stehende dem Ertrinkenden sage, er wolle ihm den rettenden Strick zuwerfen, wenn er ihm für diesen und seine Bemühung 100 Thlr. verspreche? — und fügte hinzu, in der Regel seien die Kapitalsucher in ähnlicher Lage, wie jener Ertrinkende. Wir unsererseits bedauern, jenes Beispiel hinkend nennen zu müssen, indem der Kapitalsuchende in der Wirklichkeit sich noch in einer weit nachtheiligeren Lage befindet, als jener Ertrinkende. Denn dem Letztern wird unzweifelhaft die Hand der Justiz nicht fehlen, um den, vom reinökonomischen Standpunkt aus betrachtet, völlig tadellosen Vertrag wegen Mangels freier Willensbestimmung zu zerreißen und für unverbindlich zu erklären, — während der gewöhnliche Kapitalsucher, der im Vermögensverfall unterzugehen Gefahr läuft, durchweg keinem einfachen physischen, sondern einem aus tausend kleinen unsichtbaren Fäden zusammengesetzten moralischen, juristisch nicht faßbaren Nothstande gegenübersteht, also wehr- und rettungslos seinem wucherischen Dränger Preis gegeben ist.

Wir glauben, lediglich die vorbezeichneten Standpunkte hinsichtlich der in den untern und mittlern Volksschichten vorherrschenden Darlehnsgeschäfte einander gegenüber stellen zu sollen, indem damit unseres Erachtens das Urtheil über die Zulässigkeit oder Unzulässigkeit des in der Regierungs-Denkschrift desfalls Gesagten sich von selber ergiebt.

Wenn hiernach diejenigen Schichten der Bevölkerung, welche in der Regel nicht zum Zwecke einer beabsichtigten Spekulation, sondern zu Bestreitung außerordentlicher Bedürfnisse Darlehne aufnehmen, um sie durch Fleiß und Sparsamkeit allmälig zu tilgen, den Schutz der Gesetze schon im Allgemeinen verdienen, so ist dies im eminentesten Sinne in Preußen der Fall. Denn es beruht nicht bloß die Prosperität Preußens grade auf diesem fleißigen, treuen und tüchtigen Stand der kleinen Leute, mehr als auf dem Großhandel und der Industrie, sondern auch dessen Rang und Machtstellung inmitten der Großstaaten Europas.

Es war allerdings schon ein bedenklicher Schritt, als man die allgemeine Wechselfähigkeit einführte und damit nicht bloß den handelsmännischen Zinsfuß bis in die kleinste Hütte vordringen ließ, sondern zugleich den geschäftsunkundigen, lebensunerfahrenen Bauer, Kleinbürger und Handwerker in den Stand setzte, seinen Gläubiger vermittelst der folgenden Körperhaft zum Herrn seiner persönlichen Freiheit zu machen.

Kommt nun aber noch die völlige Aufhebung der Zinsbeschränkungsgesetze hinzu, dann darf man darauf gefaßt sein, daß öffentliche Kalamitäten nicht ausbleiben werden. Die untern, an Bildung zurückstehenden Volksklassen werden die gefährlichsten Feinde jedes Staatswesens, das ihnen den nothwendigen Schutz versagt.

Warum gedenken die Gegner der Zinsbeschränkungen nicht auch hier der Gesetzgebungen Solons und des französischen Konventes, die doch wenigstens gleichzeitig mit denselben auch die Schuldhaft aufhoben? (Ges. v. 9. März 1793.)

Mag der Kaufmann, welcher mit fremdem Gelde spekulirt, sich vorsehen, ob der Gewinn seiner Unternehmung diesen oder jenen Zins zu decken verspricht, — mag die Gesetzgebung möglicherweise Gründe haben, auf diesem Gebiete das Wagniß zu versuchen, — wir können diese Frage ganz dahin gestellt sein lassen, behaupten aber, daß die proponirte generelle Aufhebung der Wuchergesetze in Preußen alle Gründe gegen sich hat und namentlich auch durch den bloß allmälichen Vorgang Großbritaniens verurtheilt wird.

Einen interessanten Gesichtspunkt zur Beurtheilung der aus der Aufhebung der Zinsbeschränkungsgesetze hervorgehenden Konsequenzen bietet noch der Umstand dar, daß es ganze Kategorien von Schuldverhältnissen giebt, bei welchen die Partheien den Zinsfuß zum Voraus nicht bestimmen können, z. B. bei allen Verpflichtungen, welche aus Quasi-Kontracten, Delikten und Quasi-Delikten entstehen, oder bei welchen die Verpflichtung zur Zinszahlung nur durch die Säumniß des Schuldners in Erfüllung seiner Verbindlichkeit, d. h. durch den Verzug begründet wird. In allen diesen Fällen haben die Gesetzgebungen bisheran von Rechtswegen dem Gläubiger den höchsten gesetzlich zulässigen Zinsfuß zuerkannt. Unseres Wissens hat bisheran auch noch kein Gegner der Zinsbeschränkungsgesetze sich gegen die Nothwendigkeit einer solchen Fixirung überhaupt ausgesprochen, keiner also auch die Möglichkeit bezweifelt, den landesüblichen Kapital-Nutzungswerth gesetzlich zu treffen. Nach Aufhebung eines solchen gesetzlichen Zinsfußes muß es sich aber fragen, in welcher Weise die Höhe desselben bestimmt werden soll. Nach dem oben bezeichneten Standpunkte der Oekonomisten, welcher in der Regierungs-Denkschrift im Allgemeinen adoptirt worden ist, kann dies offenbar nur dadurch geschehen, daß der Gläubiger jederzeit zum Beweise über die Höhe des entbehrten Gewinnes zugelassen werden muß, wenn er sich mit dem bisherigen gesetzlichen Zinsmaximum nicht begnügen will; ja es muß ihm ebenwohl diejenige „Versicherungsprämie" gerichtlich zugebilligt werden, welche mit Rücksicht auf die obwaltende Gefahr des Kapitalverlustes sich ergiebt. Denn Derjenige, welcher ohne sein Zuthun durch eine rechtswidrige Handlung eines Dritten dessen Gläubiger geworden ist, oder Derjenige, welcher als Vormund oder als Geschäftsführer Geldvorschüsse für Andere gemacht und erheblichen Schaden von denselben abgewendet hat, kann vom Gesetze doch wohl nicht ungünstiger behandelt werden, als Derjenige, welcher einfach kontrahirt. So scheint es wenigstens durch die klare Forderung des Rechts und der Billigkeit geboten zu sein. Allein auch hierin begegnen wir freilich der entgegengesetzten Behauptung eines berühmten Oekonomisten, J. B. Say, und wir lassen dieselbe hier um so lieber folgen, weil sie zeigt, wie inkompetent die Männer jener Wissenschaft bei Würdigung von Rechtsverhältnissen sein können. Say meint nemlich, die vom Gesetz zu bestimmenden Verzugszinsen müßten auf den niedrigsten Zinsstand fixirt werden, der überhaupt gezahlt werde (?), und zwar darum, weil die Verurtheilung des Schuldners zur Rückzahlung ja voraussetze, daß derselbe das Kapital noch in Händen habe (!) — dies setze aber wiederum voraus, daß er es auf die gefahrloseste Weise umgetrieben und folglich die niedrigsten aller Zinsen davon bezogen habe! Diese Probe von Einsicht in das Wesen von Rechtsverhältnissen Seitens eines berühmten Oekonomisten dürfte vielleicht den Anspruch jener Doktrin überhaupt auf die Maaßnahmen der Gesetzgebung in das richtige Licht setzen. Der Gesetzentwurf stellt sich indessen bezüglich der Verzugszinsen weder auf den obenbezeichneten ökonomischen Standpunkt, noch auch auf den des H. Say, indem er sich ohne Zweifel das Irrsal von Prozessen vergegenwärtigt, welches aus der Proklamirung jenes Grundsatzes hervorgehen mußte. Derselbe beläßt es vielmehr desfalls in §. 2. bei den bestehenden Gesetzesvorschriften, geräth hierdurch aber in den schärfsten Widerspruch mit dem Hauptprinzipe des Gesetzentwurfs, indem obige Gesetze nur den einen rationellen

Sinn haben, wenn überhaupt ein gesetzliches Zinsmaximum besteht. Nach den hiermit beibehaltenen Bestimmungen des Allg. Landrechts soll mithin auch in Zukunft der Gläubiger vom säumigen Schuldner in Ermangelung einer vertragsmäßigen Zinsstipulation, die selbstredend in den meisten Fällen nach der Natur der betreffenden Rechtsverhältnisse ganz ausgeschlossen ist, nur den bisherigen gesetzlichen Zins fordern dürfen, wenn nicht etwa der Schuldner in dolo oder in culpa lata versirt, welche nicht vermuthet werden. Nach Rheinischem Rechte kann dagegen schlechthin für jede Geldschuld nur jener gesetzliche Zins zuerkannt werden, indem das Gesetz ohne Ausnahme jeden höhern Schadensanspruch bei Geldforderungen ausschließt. Es bedarf wohl kaum der Bemerkung, daß eine Konsequenz hierin ebenso wenig erkannt werden kann, als in der durch §. 3. des Gesetzentwurfs beantragten Beibehaltung der bestehenden Verbotsgesetze in Ansehung der von Zinsen zu zahlenden Zinsen.

Die Gegner der Zinsbeschränkungsgesetze erheben gegen dieselben bisweilen auch noch den Vorwurf der Unsittlichkeit, indem sie sagen, jene Gesetze provozirten zum Bruche des gegebenen Versprechens, also zu einem Unrechte. Zur Berichtigung dieser auf Verkennung aller Rechts- und Moralprinzipien beruhenden Anschauung mag hier nur darauf hingewiesen werden, daß von Rechtswegen ein Versprechen als solches keine Schuld begründen kann, insofern nicht ein innerer rechtlicher Verpflichtungsgrund obwaltet oder hinzutritt. Selbst eine bloße moralische Verbindlichkeit wird durch einen Vertrag nur unter der Voraussetzung begründet, daß er einem sittlichen, den Interessen des Gesammtwohls nicht zuwiderlaufenden Zwecke dient.

Als Hauptangriffswaffe gegen die Zinsbeschränkungsgesetze gilt sodann schließlich noch die Behauptung, daß einestheils dasjenige, was jene Gesetze zu verhüten beabsichtigen, auf ganz gesetzlichem Wege ebenwohl erzielt werden könne, und daß anderntheils der wirkliche, im Gesetz verpönte Zinswucher durch dasselbe in der Regel nicht erreicht werde. Auch in der Regierungs-Denkschrift ist hierauf besonderes Gewicht gelegt, — nach unserm Dafürhalten durchweg ohne jede thatsächliche und rechtliche Begründung und unter Verkennung der wirklichen Aufgabe des Gesetzgebers.

Bei der Zinswucherfrage sowohl, als bei jeder andern Frage der Gesetzgebung muß davon ausgegangen werden, daß es die wesentliche Aufgabe der letztern nur sein kann, die im Hinblick auf das Gesammtwohl für maaßgebend erkannten Prinzipien des Rechts im Allgemeinen festzusetzen und die zu ihrer Verwirklichung führenden Wege vorzuzeichnen. Die einzelnen Rechtsmaterien kann sie demnächst nur nach Maaßgabe der regelmäßig dabei hervortretenden Interessen normiren, ohne sich dabei durch die überall zutreffende Erwägung beirren zu lassen, daß möglicherweise diejenigen gebietenden oder verbietenden Vorschriften, welche sie bei einer bestimmten Rechtsmaterie für erforderlich erachtet, in legaler Weise auf indirektem Wege illusorisch gemacht werden können. So erfordern die Gesetze in der Regel unter Strafe der Nichtigkeit für Schenkungen einen gerichtlichen oder notariellen Abschluß und enthalten eine Reihe besonderer Bestimmungen über den Widerruf derselben, wie sie sowohl durch das Interesse der Paciscenten, als auch dritter Personen geboten erscheinen. Der Gesetzgeber übersieht dabei keinen Augenblick, daß die beabsichtigte Liberalität auch unter der Form eines lästigen Vertrages oder durch Verzichtleistung und Nachlaß einer Schuld ohne die hemmenden Formen und Normen eines Schenkungsaktes bewirkt werden kann, und dennoch ist es niemals einem Rechts- und Gesetzeskundigen zu Sinne gekommen, wegen jener Möglichkeit der Gesetzesumgehung die Abschaffung der die Schenkung betreffenden speziellen Gesetze zu fordern. Die Kontrahenten haben eben die freie Wahl unter den verschiedenen möglichen Rechtsgeschäften und das Gesetz hütet und umhegt jede Gattung derselben nach Maaßgabe der regelmäßig dabei hervortretenden Bedürfnisse und Interessen. Es gestattet beispielsweise beim Kaufvertrag, im Gebiete des Rheinischen Rechtes auch bei der Theilung eine Läsionsklage, keineswegs aber bei allen sonstigen Verträgen, vermittelst deren die Partheien ihre ursprüngliche Intention vielleicht ebensowohl erreichen konnten, als durch den wirklich abgeschlossenen Kauf- oder Theilungsakt.

Es ergiebt sich hieraus im Allgemeinen, daß der aus der rechtlichen Möglichkeit der Umgehung gegen die Zinsgesetze erhobene Einwand nichts beweist, weil er zu viel beweisen würde, nemlich die Unzulässigkeit oder Entbehrlichkeit eines jeden, die verschiedenen Rechtsmaterien aus deren eigener, innerer Natur normirenden Gesetzes überhaupt. Jener Einwand ist aber grade hinsichtlich der Zinswuchergesetze nicht blos unzutreffend, sondern sogar positiv falsch, weil die Vorschriften dieser letztern Gesetze, zum Unterschied von den einfach disponirenden Bestimmungen des gemeinen Rechts, grade im

Interesse der öffentlichen Ordnung gegeben und mit Strafandrohungen verbunden sind. Aus diesem letztern Grunde ist sogar alles Dasjenige, was bewußtermaßen zur Umgehung der Zinswuchergesetze geschieht, nicht wie die Denkschrift anzunehmen scheint, gesetzlich zulässig, sondern schlechthin strafbar. Richtig ist es also nur, daß ein Kapitalsuchender sich durch Cession von Forderungen, durch Wechsel-Diskontirungen oder Verkaufs- und Lieferungs-Verträge große Verluste bereiten kann, ohne daß die Wuchergesetze ihn dagegen schützten, — und zwar darum, weil alle jene Geschäfte, als solche, nicht dem Darlehns-, sondern dem Kaufvertrage angehören, und weil der legislatorische Zweck der Wuchergesetze keineswegs dahin gerichtet ist, Jedermann in die rechtliche Unmöglichkeit zu versetzen, sich durch Abschluß von nachtheiligen Geschäften in seinem Vermögen zu beschädigen. Dagegen ist es ebenso gewiß, daß der Fall des strafbaren Wuchers allerdings vorliegt, wenn nach der richterlichen Ueberzeugung der eigentliche, beiden Theilen wohl bekannte innere Gehalt des Geschäftes nicht obiger Cessions- oder Lieferungs-Kontrakt, sondern einfach der ist, daß von einer dargeliehenen oder sonst kreditirten Summe höhere Vortheile, als die Gesetze gestatten, bedungen oder gezahlt werden sollen, und daß Alles, was statt dessen als ostensibles Geschäft geschlossen wird, gerade darum geschlossen worden ist, um jenen innern Gehalt zu verstecken. Dies Prinzip greift beim Wechseldiskonto ebensowohl als beim Differenzgeschäfte und dem ein Darlehnsgeschäft verbergenden Verkauf von Staatspapieren, Pfandbriefen u. s. w. Platz; die Wuchergesetzgebung steht also nach dieser Seite hin keineswegs den Partheien gegenüber wehrlos da, wie man vorgiebt, sondern sie erreicht grade das, was sie erreichen soll und will, — besondere Ueberwachung des Darlehnsvertrags wegen der in ihm vorzugsweise hervortretenden Gefahr der Uebervortheilung und der Ausbeutung von relativen Nothständen.

Wenn in dieser Beziehung die Regierungs-Denkschrift (S. 9) noch besagt, daß auch nach der bestehenden Gesetzgebung von jedem Banquier außer dem höchsten gesetzlichen Zinsfuß unter der Bezeichnung Provision, Courtage u. s. w. „beliebige Prozente berechnet würden", so muß dies für jede Art des Darlehns als ein Irrthum bezeichnet werden, indem sowohl nach dem Gesetze, als auch nach dem konstanten Gerichtsgebrauch der Banquier nur ½ pCt., beziehungsweise die usancemäßig festgestellten, durch die Natur des Rechtsverhältnisses motivirten Beträge desfalls berechnen darf. (Allg. L.=R. Th. II. Tit. 8. §. 701 u. §. 1056.)

Wer in dieser Hinsicht etwa glauben möchte, daß das Gesagte nur der Theorie angehöre, dagegen des praktischen Werthes entbehre, den verweisen wir auf jede Urtheil=Sammlung, insbesondere auf das Strafgesetzbuch von Oppenhoff zu §. 263. Dort kann Jedermann sich auch davon überzeugen, daß die Straf=Justiz mindestens eben so sicher, als das Auge des Laien, die wirklichen Umgehungen des Gesetzes durchschaut und erreicht, seitdem sie sich nicht mehr durch die ehemaligen Schranken einer falschen Beweistheorie gebunden sieht, sondern nur kraft der positiven richterlichen Ueberzeugung über Schuld oder Nichtschuld entscheidet. Allein wenn selbst das Gesetz noch leichter umgangen werden könnte, als dies wirklich der Fall ist, dann würden wir immerhin auch in Preußen dieselbe Frage erheben können und müssen, welche Dupin im Jahre 1850 in der französischen gesetzgebenden Versammlung mit Erfolg gestellt hat: Ist es etwa einerlei, ob das Gift nur durch künstliche Mittel und Vorwände erlangt werden kann, oder ob es frei im Handel und Wandel cirkulirt und jeden Augenblick von Jedermann benutzt werden kann? Unsere Polizeigesetze geben die auch hier zutreffende Antwort.

Was endlich die Bezugnahme darauf anlangt, daß selbst der Staat bei Kontrahirung von Anleihen sich direkt oder indirekt zum Versprechen wucherischer Zinsen herbeilasse, ist eben wenig geeignet, die Aufhebung der Wuchergesetze zu empfehlen, sondern beweist vielmehr die Nothwendigkeit ihrer Beibehaltung, indem sie zeigt, daß in der That schon jetzt die befürchtete Uebermacht des Kapitals besteht und trotz aller gerühmten Konkurrenz, die ja bei Staatsanleihen nicht fehlt, höhere Zinsen zu erzwingen vermag, als dasselbe Kapital bei unmittelbarer Verwendung dem Eigenthümer abwerfen kann. Zur Sache selbst ist aber auch darauf aufmerksam zu machen, daß wenn der Staat im Falle eines Geldbedürfnisses sich zu einer Finanz=Operation der vorbezeichneten Art herbeiläßt, bei Beurtheilung dieser Thatsache ganz andere Momente Platz greifen, als bei jedem Privatgeschäfte. Der Staat macht dabei der Unsittlichkeit kein Zugeständniß, weil er will, sondern weil er muß, und er muß in einem ganz andern Sinne des Wortes, als jeder Private, nemlich absolut, — darum, weil mit seinem Bestande alle Rechte und Interessen der

Privaten bedroht sind. Der Staat kann darum auch in die Lage kommen, selbst mit dem offenen Verbrechen, dem Aufruhr paktiren zu müssen, weil ihm nicht der Schutz zur Seite steht, den er in normalen Verhältnissen dem Privaten gewährt.

Nicht minder einseitig und unhaltbar ist sodann aber auch der schließliche Einwand, daß die Wuchergesetze alltäglich übertreten würden, daß sie sich als ohnmächtig erwiesen, mithin abgeschafft zu werden verdienten. Die Regierungs-Denkschrift hat sich in dieser Hinsicht schon nicht so kategorisch auszusprechen für gut befunden, als dies Seitens der Oekonomisten zu geschehen pflegt, denn sie sagt nur, „die Wirksamkeit der gegen den Wucher gerichteten Strafgesetze sei bereits fast vollständig gelähmt,“ „in der Regel gelinge es nicht, die eigentlichen Wucherer, sondern nur diejenigen, welche das Geschäft in die erlaubten Formen zu kleiden versäumten, „bisweilen zur Strafe zu ziehen.“ Nach dieser Motivirung des Gesetzentwurfs sollte man in der That die Schlußfolgerung erwarten, daß die gesetzliche Strafbarkeit einer Handlung überhaupt nicht so sehr von der inneren Rechtswidrigkeit und der äußeren Schädlichkeit derselben, als vielmehr von der größeren oder geringeren Leichtigkeit ihrer Konstatirung und Bestrafung abhänge; allein an einer andern Stelle (S. 8) sagt die Denkschrift selber das Gegentheil und kann auch nicht anders, ohne die Strafgesetzgebung überhaupt in Frage zu stellen. Oder ist es nicht einleuchtend, daß das Verbrechen des Betrugs weit schwerer festzustellen ist, als das des Wuchers, indem der äußere Thatbestand bei beiden meist derselbe ist, der Wucher aber schon durch das bloße Einverständniß der Partheien, durch das Geschäft selber zu Stande kommt, während beim Betruge überdies noch eine Täuschung des Schuldners, also ein rein subjektives Faktum, erwiesen werden muß. Es würde zu weit führen, diesen Vergleich auf die sonstigen Strafgesetze auszudehnen; es bedarf dessen aber auch nicht, da obiges, allen Strafgesetzgebungen zu Grunde liegendes Prinzip seine volle Rechtfertigung in sich selber trägt. Die einzig zutreffende und maaßgebende Frage ist also nur die, ob wirklich der Darlehnsvertrag besonders dazu geeignet ist, die Noth Anderer durch Abpressen übermäßiger Zinsvergütung Seitens des Darleihers auszubeuten, — diese Frage kann aber Angesichts der Geschichte und der uns umgebenden Thatsachen unmöglich verneint werden, sie wird durch die Denkschrift selbst ebenfalls bejaht und es wird durch dieselbe noch die weitere Anerkennung hieran angeschlossen, daß jener Wucher „unter jeder Strafgesetzgebung gleich verächtlich bleiben," und daß „diese wohlverdiente Verachtung durch Aufhebung der jetzigen Wuchergesetze nicht von ihm genommen werde." Wenn das Alles wirklich wahr ist, wie wir es ebenfalls behaupten, dann ist damit sicherlich nicht die Aufhebung, sondern nur die Beibehaltung der Wuchergesetze gerechtfertigt, da ja einestheils alle mit den guten Sitten und der öffentlichen Ordnung im Widerspruch stehenden Handlungen der Einzelnen keinen Anspruch auf Rechtsschutz haben können, und da anderntheils das weitere Hinzutreten des Strafgesetzes nicht durch die größere oder geringere Leichtigkeit der Verbrechens-Konstatirung, sondern nur durch die größere oder geringere Gemeingefährlichkeit der schlechten Handlung bedingt wird. Auch nach dieser Seite hin ist es nicht ohne Interesse, zu konstatiren, wie inkompetent die Vertreter der Nationalökonomie auf dem Rechtsgebiete sind. Rossi (Cours d'économie politique, t. III. p. 323) nennt die Wuchergesetze absurd und dennoch sagt er in demselben Athem: „Es giebt Leute, welche — — die Unwissenheit eines Bauers mißbrauchen. Solche Leute leihen zu 10, 15, 20 pCt. aus und geben bei einer Darlehnssumme von 3000 Frs. vielleicht 500 Frs. baar, den Rest in werthlosen Dingen." — „Sie begehen offenbar ein Vergehen (!?), und wenn man das Wuchergesetz prinzipwidrig nennt, so sagt man damit nicht, daß die Vergehen nicht bestraft werden sollen, — daß der Kreis des strafbaren Betrugs nicht auf die vorbezeichneten Fälle ausgedehnt werden solle." Also der Nationalökonom will zwar obigen Wucher bestraft wissen, nur nicht wegen Wuchers, sondern wegen Betrugs. Er übersieht dabei nur, daß der Betrug wesentlich in der Erregung eines Irrthums durch Vorbringen falscher oder Entstellen und Unterdrücken wahrer Thatsachen besteht und daß in dem von ihm, Rossi, aufgestellten Thatbestande von diesem Requisite nichts zu finden ist. Aber man muß doch auch fragen, wer denn als „unwissender Bauer" soll geschützt werden, — ob nicht bei hundert andern Kategorien des Volkslebens analoge Verhältnisse bestehen, — bei welchem Zinssatze endlich obiger sogenannter Betrug anfangen soll? Man sieht, daß das von jenem berühmten Oekonomisten aus unwillkührlichem Rechtsinstinkte Geforderte die nackte Willkühr ist und wegen völliger Unbestimmtheit der Grenzen des Erlaubten und Verbotenen unendlich hemmender sein würde, als die durch das Wuchergesetz scharf gezogene Schranke der zulässigen Zinsstipulation.

Alles dasjenige, was dermalen gegen die Wucherstrafgesetze vorgebracht wird, ist dann aber auch sicherlich nicht neu, sondern liegt offen genug auf der Hand, ist auch bei der fast dreißigjährigen Berathung des Strafgesetzbuchs nach Ausweis der Gesetzmaterialien keinen Augenblick vom Gesetzgeber übersehen worden, — und dennoch ist die Frage, ob es vom politischen Standpunkte aus räthlich und geboten sei, ein Strafverbot gegen den Wucher aufzunehmen, in keinem Stadium der Redaktion Seitens der Regierung auch nur in Zweifel gezogen, in keinem ihrer Entwürfe verneint worden. In der Sitzung des Staatsrathes vom 11. Mai 1842 faßte man den auch heute noch vollkommen zutreffenden legislatorischen Standpunkt in der Erklärung zusammen, „der Wucher sei durch die öffentliche Meinung gebrandmarkt und man würde sich mit letzterer in offenen Widerspruch setzen, wenn das Gesetz ihn straflos lasse."

Dieselbe öffentliche Meinung besteht nun aber auch heute noch in derselben Lebendigkeit und Energie, wie damals, und es ist in der That nicht abzusehen, wie die Aufhebung der Wuchergesetze in der Denkschrift als eine Berichtigung der Strafgesetzgebung bezeichnet werden kann, welche das öffentliche Rechtsbewußtsein schwerlich verletze, indem doch unmittelbar darauf, wie bereits angeführt, gradezu und wörtlich anerkannt wird, daß „der eigentliche Wucherer, d. h. derjenige, welcher beim Geldausleihen die Noth Anderer durch Abpressen übermäßiger Zinsvergütung zu seinem Vortheil ausbeutet, unter jeder Strafgesetzgebung gleich verächtlich bleiben, und diese wohlverdiente Verachtung auch durch Aufhebung der jetzigen Wuchergesetze nicht von ihm genommen werde."

Jene öffentliche Meinung fordert also mit Recht die Bestrafung des von ihr gebrandmarkten Wuchers durch das Gesetz und sie läßt sich am allerwenigsten durch den Einwand beirren, daß manche oder viele oder die meisten Wucherfälle dennoch der gerichtlichen Konstatirung entgehen. Es liegt ja auch in der Natur der Strafgesetze überhaupt, daß sie nicht den Keim des Uebels zerstören, sondern nur einzelne Manifestationen desselben reprimiren können. Uno avulso, non deficit alter. Nur die Kirche, nicht der Staat kann den innern Menschen dauernd heben und veredeln. Auf andern Gebieten der Strafgesetzgebung, namentlich auf dem Gebiete der Zoll- und Steuergesetze sind die nicht entdeckten und bestraften Kontraventionen allem Anscheine nach unendlich zahlreicher, als die nicht bestraften Wucherfälle, und die Regierung entnimmt daraus keine Veranlassung zu deren Abschaffung. Soll also nicht die Ansicht Geltung erhalten, daß der Schutz des Volkes, namentlich der mittlern und untern Schichten desselben, gegen die bedrohlichste Ausbeutung durch die Geldbesitzer eine minder wichtige Staatsaufgabe sei, als die Steuererhebung, so kann auch die Unmöglichkeit der Aufdeckung und Bestrafung aller oder der meisten Wucherfälle keinen Grund zur Abschaffung der Wucherstrafgesetze überhaupt bilden. Bei ernstem Zusammenwirken der verschiedenen Behördenkreise ist es aber auch nicht so gar schwer, geschweige denn unmöglich, selbst die bestgesponnenen Wuchernetze zu fassen und zu zerreißen, wie dies die Wucher-Untersuchungen der Bayerischen Rheinprovinz gezeigt haben. Dort wurden vom Oktober 1852 bis Juli 1854 Geldstrafen im Gesammtbetrage von 300,000 Gulden ausgesprochen, wie in der desfallsigen Schrift von Merkel (Heidelberg 1855) dargelegt wird. Auch in Oesterreich hat man seit Einführung des neuen Strafverfahrens den Wucher besonders erfolgreich bis in seine tiefsten Schlupfwinkel verfolgt, so daß die Zahl der Verurtheilten in den betreffenden Jahren 1850 bis 1853 von 24 zu 79 und zu 105 stieg. (Rizy a. a. O. S. 7.) In Preußen war die Zahl der Untersuchungen in den Jahren 1847 bis 1856 je 143, 117, 76, 143, 170, 197, 161, 157. Zudem ist es eine bekannte Thatsache, daß Ein glücklicher Griff der Behörden oft auf lange Zeit hin den Wucher in ganzen Distrikten zerstört. Der Grund davon liegt eben darin, weil durchweg nur Wenige sich mit jenem schmählichen Gewerbe befassen, und nur verhältnißmäßig kleine Kapitalien demselben dienen. Die ungeheuere Mehrheit der Kapitalisten übt nicht den Wucher, und die Wenigen, die dessen verdächtig sind, sehen sich sofort aus jeder besseren Gesellschaft ausgeschlossen und gebrandmarkt. Was für Frankreich im Jahre 1807 der Staatsrath Jaubert vorhergesagt und die Minister Rouher und Billault im Jahre 1857 als durch die Erfahrung gerechtfertigt bezeichnet haben, das ist auch in unserm Vaterlande heute und immer wahr. Die ungeheuere Mehrheit der Kapitalisten und der Kapitalien zieht sich ehrfurchtsvoll hinter die Schranke zurück, welche das Gesetz ihnen zeichnet, — nur eine an Zahl und Kapital unbedeutende Minderzahl wagt es, direkt oder indirekt sich gegen das Gesetz aufzulehnen und es darauf ankommen zu lassen, ob es sie erreichen wird.

Hiermit ist denn auch in der That, so lange die Wuchergesetze als solche fortbestehen, schon das Wesentlichste geschehen und die eigentliche Geißel des Wuchers, jene öffentliche Kalamität, wie sie in Oesterreich, Frankreich, Norwegen, ganze Perioden hindurch über dem Volke geschwungen ward, unmöglich gemacht. Sobald aber einmal die gesetzliche Schranke gefallen ist, welche die ehrenhaften und die wucherischen Darleiher trennt, — sobald Jedermann von Rechtswegen und unter dem zum voraus gesicherten Schutz der Gerichte jeden beliebigen Zinssatz sich notariell stipuliren und unter dem Namen der Assekuranzprämie sich beispielsweise 10 Prozente versprechen lassen darf, wie dies die Regierungs-Denkschrift (p. 8) selbst „bei ganz ehrenhaften Darlehnsgebern und ohne jede Verletzung der Moralität" in Aussicht stellt, — dann allerdings muß unser gesammtes soziales und ökonomisches Volksleben eine veränderte Gestalt annehmen, — alsdann ist aber auch ein Ferment in die Tiefe des Volksgeistes geworfen, welches voraussichtlich einen furchtbaren Zersetzungsprozeß hervorruft.

Das aufgestürmte Rechtsgefühl der Kapitalbedürftigen wird sich durch die Gründe der Oekonomisten schwerlich beruhigen lassen, — aber auch das Gewissen der ehrenhaften und christlich gesinnten Kapitalbesitzer muß nothwendig verwirrt werden. Es giebt doch nun einmal ein moralisch verwerfliches Ausbeuten der Noth, — so sagen Alle, welche die Wuchergesetze abgeschafft wissen wollen; — aber wo beginnt denn nun in Zukunft die Grenze jenes verwerflichen Wuchers, wenn nicht allein der objektive Nutzungswerth des Kapitals, als solchen, gar keine gesetzliche, landesübliche Begrenzung mehr hat, sondern wenn außerdem das verschiedene Maaß der vom Kapitalsucher dargebotenen Sicherstellung für Rückerstattung des Kapitals nach den Gesetzen der Ehrenhaftigkeit und der Moralität in jedem einzelnen Falle es gestatten soll, eine unbegrenzt hohe „Assekuranzprämie" zu fordern? Nur zwei Eventualitäten sind hier denkbar, — entweder die Gewissen der Kapitalbesitzer werden schlechthin abgestumpft für das Gefühl des durch Ausbeutung der Noth verübten Unrechts, wie dies nach den bisherigen Erfahrungen durchweg der Fall gewesen ist, oder sie fühlen sich verlassen von jedem äußern, gesetzlichen Anhaltspunkt und damit gezwungen, künftig wieder vor demjenigen Forum allein Recht zu nehmen, welches in Ermangelung eines die allseitigen Interessen in Billigkeit ausgleichenden bürgerlichen Gesetzes übrig bleibt. Hiermit wird endlich auch die Stellung aller Derjenigen, welche für Dritte Kapitalien zu verwalten haben, der Vormünder, der Vertreter von Anstalten, Stiftungen ꝛc. eine mehr als peinliche, indem sie sich zwischen zwei Klippen zu bewegen, d. h. weder das Interesse Derer, für welche sie handeln, noch auch das der Kapitalsucher, der Bedrängten zu verletzen haben.

Die moralischen und materiellen Interessen des Landes müssen hierbei unter allen Voraussetzungen schwere Einbußen erleiden, das Rechtsgefühl des Volkes aber, dessen sind wir gewiß, wird sich durch die neue Freiheit der Zinsversprechungen keineswegs berichtigt, sondern vielmehr schwer verletzt fühlen: das preußische und das deutsche Volk wird kein Verständniß dafür haben, daß ein Abkommen, welches es „mit wohlverdienter Verachtung“ belegt, welches es „nach wie vor brandmarket,“ von Rechtswegen und im Namen des Königs geschützt und gerichtlich in Vollzug gesetzt werden soll.

Ein französischer Oekonomist ersten Ranges, Léon Faucher, welcher in der gesetzgebenden Versammlung vom 12. Dezember 1850 sich prinzipiell gegen alle Zinsbeschränkungsgesetze ausgesprochen, hat dieser ethischen Seite der Frage wenigstens ein entscheidendes Gewicht beizulegen sich gedrungen gefühlt. Er erklärte, die Aufhebung der Zinsbeschränkungsgesetze vom Jahre 1807 aus dem Grunde nicht fordern zu wollen und zu dürfen, sondern seine persönliche Ueberzeugung zum Opfer zu bringen, „weil man nicht Gesetze machen dürfe, welche mit den Sitten des Volkes im Widerspruche stehen, — vielmehr müßte die richtige Erkenntniß erst der Gesetzgebung vorausgehen.“ Er erkennt nun an, daß das Urtheil des Landes, — in seinen Augen allerdings nur ein Vorurtheil —, sich noch immer gegen jene Aufhebung ausspreche, und schließt mit der in seinem Munde doppelt bedeutsamen und für Alle beherzigungswerthen Anerkennung, „daß vielleicht auch der Beweis der Entbehrlichkeit jener Gesetze noch nicht eklatant genug geführt sei.“ Wenn in dieser Weise die stolze Ueberzeugung eines französischen Oekonomisten sich vor dem „Vorurtheile“ seines Landes denn doch schließlich beugen zu müssen glaubt, so wäre vielleicht ein ähnliches Opfer gegenüber dem Rechtsbewußtsein und dem tiefmoralischen Gefühle des deutschen und preußischen Volkes nicht minder geboten.

Grade bei einer mit den Standes- und Vermögensgegensätzen der verschiedenen Volksschichten in so wesentlichem Zusammenhang stehenden Angelegenheit, wie die gegenwärtige, sollte es möglichst beherzigt werden, daß es nicht genügen kann, Gesetze für das Volk zu machen, daß vielmehr die Hauptfrage die ist, ob auch das Volk für das Gesetz gemacht ist. Diese letztere Frage glauben wir unsererseits in Betreff des vorliegenden Gesetzentwurfs für das Preußische Volk aus tiefster Ueberzeugung verneinen zu müssen.

Ganz unabhängig hiervon ist dagegen die fernere Frage, ob die Bestimmung des §. 263. des Strafgesetzbuchs, welche den Wucher neben der Geldbuße mit einer Gefängnißstrafe von 3 Monaten bis zu 1 Jahr und zeitiger Untersagung der Ausübung der bürgerlichen Ehrenrechte bestraft, als prinzipiell richtig und dem praktischen Bedürfniß entsprechend anzuerkennen ist. Diese Frage dürfte wohl aus dem Grunde zu verneinen sein, weil der Zinswucher nicht so sehr ein absolutes, als vielmehr ein relatives Unrecht darstellt, mithin mehr den Charakter einer polizeilichen Kontravention, als eines eigentlichen Deliktes an sich trägt, womit denn auch eine möglicherweise durch die Umstände gebotene Suspension der Wuchergesetze ihre befriedigende Erklärung findet.

Daß ein konkretes Bedürfniß zur Aufhebung der Wuchergesetze, überhaupt zur Gestattung eines höhern vertragsmäßigen Zinsfußes im Interesse der Gesammtheit hervorgetreten, ist nicht einmal behauptet, geschweige denn nachgewiesen worden, und die vom Throne herab wiederholt konstatirte Thatsache, daß das Land in sicherm und gedeihlichem Fortschritte begriffen sei, zeigt das Gegentheil. Die jedesmalige Höhe des Zinsfußes ist ja der sichere Puls des volkswirthschaftlichen Lebens; sein Beharren bei mäßigen Proportionen ist der Ausdruck ruhigen Gedeihens, während jede in ihm hervortretende Erhöhungstendenz durchweg einen Krankheitszustand bezeichnet. Sollte nun dennoch Preußens Volkswirthschaft ernstlich krank, ja so krank sein, daß der Erhöhung des Kapitalzinses ein unbegränzter Spielraum gelassen werden müßte? Wenn aber wirklich ein Krankheitszustand im Lande vorhanden ist, so liegt derselbe doch jedenfalls nicht in einer vorwiegenden Apathie oder in einem Marasmus, die durch künstliche Reizmittel überwunden werden müßten, sondern er liegt alsdann im geraden Gegentheile, nemlich in der Ueberreizung. Es besteht also sicherlich kein Bedürfniß, das Blut noch immer rascher, man möchte sagen, fieberhafter durch die Adern des Wirthschafts-Organismus zu treiben, — die Gesetzgebung hat nicht zu spornen, sondern eher zu zügeln, am wenigsten hat sie die Lust und die Gelegenheit zum Gewinn ohne Arbeit, zu gewagten Geschäften noch zu steigern.

Mit Recht sagt M. Chevalier, die volkswirthschaftlichen Reformatoren seien in einem ehernen Zirkel eingeschlossen, über welchen sie sich auf den Flügeln ihrer Begeisterung nicht erheben können. „So lange sie kein neues Mittel gefunden, die Gesammtmasse der Produktion und die Bildung der Kapitalien zu vermehren, mögen sie wohl die Macht haben, den Durst des Volkes nach Wohlsein zu steigern, aber sicherlich nicht, ihn zu befriedigen."

Es dürfte hiernach die Meinung wohl gerechtfertigt erscheinen, daß die Aufhebung der Zinsbeschränkungsgesetze in Preußen an und für sich, namentlich aber so wie sie beantragt ist, unvermittelt durch eine Reihe von Zwischenmaßregeln, welche die Vorsicht der Massen wach rufen, und ununterstützt durch ein alle berechtigten Interessen sicherstellendes, alle Theile des Landes umfassendes Kreditsystem eine große Gefahr, ja eine öffentliche Kalamität für Preußen darstellt.

Druck von J. Blumenthal in Berlin, Adlerstr. 9.

MIX
Papier | Fördert gute Waldnutzung
FSC® C083411

Kolibri 360 GmbH
Ferdinand-Jühlke-Straße 7
99095 Erfurt, Deutschland
produktsicherheit@kolibri360.de